딥시크는 어떻게 세상을 바꾸는가?

[딥시크 이코노미]
DeepSeek Economy

중국 AI가 만드는 새로운 질서

유 한 나 지음

딥시크, 고래는 태풍의 길목에서 날아 올랐다

중국에서 몸짓을 하면, 반대편 미국에서 진동이 일어난다. 중국 항저우에 위치한 딥시크(DeepSeek)의 출생으로, 미국의 인공지능 칩의 대장주로 불리는 엔비디아(NVDIA) 시가총액이 5,900억 달러(약 848조 원)가 사라졌다. 단 하루 만에 말이다. 전 세계는 충격에 빠졌다. 그리고 궁금해하기 시작했다. 딥시크, 과연 그들은 누구인가?

골드만삭스는 AI로 인해 향후 중국에 2,000억 달러(약 288조 원) 규모의 자금이 유입될 수 있다고 전했다. 더불어 2026년부터 2030년까지 중국의 GDP가 0.3% 상승할 것으로 전망했는데, 그 이유는 바로 AI 때문이다. 딥시크 그들의 등장 이후로, 중국 증시의 날씨는 맑아지고 있다. 그 중심에는 기술 혁신, AI의 역할이 컸다. 중국 AI 공급망과 기술력이 재평가되고 있다.

스티브 잡스를 모방한 것으로 주목받았던 글로벌 스마트폰 제조 기업 샤오미의 레이쥔(雷軍) 회장은 이런 말을 했었다. "태풍의 길목에 서 있으면 돼지도 하늘을 날 수 있다." 레이쥔이 추구한 원칙은 바로 '순세이위(順勢而爲)'였다. 실력이 있으면 기회가 왔을 때 빛을 바랄 수 있다는 것이다.

딥시크의 등장과 거센 물결의 흐름을 지켜보며 "태풍에서도 고래는 난다."는 말이 떠올랐다.

그들의 출현은 우연도 필연도 아니었다. 자연 발생학적인 흐름이었다. 중국을 익히 아는 사람들은 아마도 당황하지 않을 수 있다. 대부분이 '올 것이 왔구나' 하는 생각이었을지도 모른다. 딥시크의 출현은 단순히 중국의 굴기, 중국의 자국 혁신만을 뜻하는 것이 아니다. 마치 새로운 화폐 전쟁, 무역 전쟁처럼, 미국과의 역동적이고 치열한 패권 전쟁이 예고된다. 그렇다면 우리에게는 어떤 의미일까? 딥시크와 중국의 기술 혁신을 이해하는 것은 AI를 소비시장에서 신속하게 실험하고 상용화하는 데 중요한 벤치마킹이 될 것이다. AI 비즈니스 모델에 대한 인사이트를 불러일으킬 것이라 기대한다. 그렇기 때문에 위협을 기회로 전환할 수 있는 가능성이 있다.

이것만은 분명하다. 중국은 생태계를 넘어, 제국을 완성하길 원한다. 현재 국내에 테무, 알리바바, 샤오홍슈, 쉬인 등 많은 중국 C-커머스가 들어와 영토를 넓혀 가고 있다. 이는 단순히 중국 기업의 해외 사업 진출을 의미하지 않는다. 이른바 '출해(出海)' 개념과 가깝다. 출해 전략은 자본, 기술, 거버넌스를 통합한 글로벌 생태계를 가리킨다. 해당 현상들은 중국의 기술 독립, 즉 자주적 혁신을 보여 주는 현실이며, 중국이 그리는 AI 코스모스 생태계의 위력을 암시한다.

중국의 AI 문샷(Moonshot) 프로젝트는 현재 진행 중

지금 중국 현지의 분위기는 어떨까? 마치 1960년대 미국이 아폴로 우주 프로젝트를 추진했던 때처럼, 불가능한 일을 가능한 일로 바꾸는 중국판 AI 문샷 프로젝트의 분위기가 만연하다. AI 문샷을 먼저 쏘아 올린 주체인 딥시크는 누구든, 언제, 어디서나 사용할 수 있는 AI 비즈니스 모델의 재편성으로 반격을 날렸다. 오픈AI의 샘 올트만도 잠을 설치게 한, 중국의 역주행. 그 힘은 도대체 어디서 나오는 것일까? 딥시크와 같은 AI 기업은 4,000개가 넘으며 핵심 산업 규모는 6,000억 위안(약 120조 원)에 달한다.

세계지식재산기구(WIPO)의 특허 환경 보고서를 보면, 중국의 생성형 AI 특허 출원 수는 지난 10년간 3만 건 이상으로 전 세계 1위를 차지한다.

중국이 그리는 AI 지형도

딥시크가 점을 찍고, AI 응용 모델과 기업들이 선을 잇고, 최종적으로 대형 언어 모델(LLM) 연구 개발 기업, AI 응용 서비스 기업, 국가가 모두 힘을 합쳐 면을 만들었다. 그리고 그 면은 중국이 주도하는 경제권을 기반으로, AI 중심의 새로운 경제벨트를 조성하게 된다.

과거 중국의 실크로드 역사를 잠시 떠올려 보자. 당시 중국의 비단이 서양으로 흘러가며 중국은 무역의 중심지가 되었다. 그뿐만 아니라 사회, 경제, 정치 등 영역에서 문명을 개척한 국가였다. 이러한 역사는 중국의 뿌리 깊은 자부심이며, 중국이 그리는 현대 중국몽(中國夢)에 동기를 부여하는 역사적 유전자이다. 지금 중국은 시대에 맞게 다시 그 영광의 굴기를 재현하고자 한다. 마침 중국의 큰 그림에 보답하듯 딥시크가 공을 쏘아 올렸다.

딥시크의 등장은 중국을 재조명하게 만들었다. 먼저 딥시크가 코드를 무료로 공개한 '오픈소스' 전략에 놀랐다. 이는 다시 말해 모두에게 재료를 공개한 것인데, 기존의 클리셰를 전복시켰다. 딥시크는 개방, 공유, 참여를 추구했다. 모두가 AI를 사용할 수 있는 입구를 만들었다. 기술을 누리는 개인, 기업, 공동체, 사회에게 자율성을 주었다. 다른 한 가지는 '공식 깨기'다. 대형 언어 학습 모델에 대한 기존 공식을 깨었다.

딥시크 창립자 량원펑(梁文鋒)의 사무실 벽에는 이런 문구가 걸려 있다고 한다. "알고리즘으로 세상을 따뜻하게 하자" 기술에 대한 인간적인 마음이 느껴진다. 그리고 왜 그가 투명하게 공개했는지 밑바탕에 깔린 인문학적 사고도 유추해 볼 수 있다.

딥시크는 많은 혼란과 이슈를 불러일으켰지만, 한 가지를 남겼다. 그것은 바로 '혁신'은 단지 세상에 없던 것을 발명하고 창조해 내는 것이 아닌, 과거에 우리가 늘 써오던 타성에 젖은 개념과 대상을 다른 관점을 가지고 재해석된 솔루션을 제시한다는 점이다.

자, 그러면 딥시크는 어떻게 전 세계를 놀라게 했을까? 딥시크 서사의 세계로 지금 당장 들어가 보자.

목차

4장. 딥시크와 꽌시
딥시크는 꽌시 속으로 들어갔다 _87

CHAPTER 01

딥시크가 쏘아 올린
스푸트니크 모멘트

승전계(勝戰計) - 진화타겁(趁火打劫)

"상대가 어려움에 처했을 때 그 상황을 이용해 공격하거나
이익을 취하는 전략"

01 딥시크 고래처럼 등장

공식을 파괴하다

✦

　오픈AI의 챗GPT로 모두가 평온한 생성형 AI 세상을 살아가고 있었다. 그러던 어느 날이었다. 거대한 고래가 등장했다. 거대한 몸집을 가진 중국산 고래의 등장에 세계가 떠들썩했다. 중국에서 고래가 움직이자, 저 지구 반대편 미국이 흔들리며 진동이 일어났다. 진동은 2025년 2월 20일, 2월 27일 엔비디아 주가 17% 폭락 사건을 불러일으켰다. 그리고 그 여파는 한국까지 전 세계를 긴장하게 만들었다. 그 고래의 이름은 바로 '딥시크(DeepSeek, 深度求索)'이다.

　우리가 믿었던 챗GPT 미국 중심의 AI 세상은 평온에서 긴장으로 바뀌었다. 어쩌면 평온했다고 믿었을지도 모른다. 누구도 여기에 그다음 수를 노린 자가 없었으니까. 그러나 딥시크가 공식을 파괴했다.

　중국의 세계화, 중국 내수 시장에서 탄생한 거대한 C-플랫폼들의 글로벌 진출을 보면, 고래의 출현은 사실상 예견된 시나리오이다.

딥시크는 어떻게 탄생을 알리게 되었을까? 광둥성 5선 도시 시골 출신, 하지만 AI 퀀트 헤지펀드 투자(양적 펀드, Quantitative fund)로 부를 거머쥔 량원펑에 의해 탄생한 대규모 언어 모델 및 AI 관련 기술을 연구하고 개발하는 기업이다. 딥시크는 서비스 이름이며, 정식 기업명은 항저우 딥시크 인공지능 기초기술 연구 유한회사(杭州深度求索人工智能基础技术研究有限公司)이다. 2023년 7월 17일 설립했다. 주요 사업은 대형 언어 모델(LLM)과 관련 기술을 연구한다. 딥시크 배후에는 자금이 풍부한 량원펑의 헤지펀드 회사 환팡량화(幻方量化, High-Flyer)가 든든한 버팀목이 되었다. 2025년 후룬 글로벌(胡润百富, 중국판 포브스)에 따르면, 량원펑은 330억 위안(약 6조 5,000억 원)으로 부자 리스트에 올랐다.

환팡량화는 2015년 6월 저장 지우장 자산(浙江九章资产)과 2016년 2월 설립된 닝보어 환팡량화(宁波幻方量化) 두 개의 자산운용을 운영하고 있다. 그는 딥시크를 만들 수 있는 안정되고 체계화된 자본 권환을 가지고 시작했다. 비옥한 땅을 만들고 그 위에 씨를 뿌렸다. 그 결과 세상을 놀라게 한 열매가 피었다. 그들은 강화 학습(Reinforcement Learning)을 기반으로 추론 모델을 만들었다. 그리고 딥시크 V-3 모델은 557만 6,000달러(약 78억 8,000만 원)의 개발 비용이 소요되었다. 딥시크에는 저비용 고효율이라는 라벨이 붙었다. 하지만 앞으로 우리는 해당 요소가 전부가 아니었다는 점을 알게 될 것이다. 딥시크의 성장에는 수많은 복합적인 내부, 외적인 요소들이 작용한다.

딥시크의 등장은 숨어 있는 중국 생성형 AI 기업의 기술 패권을 향한 예고편이다. 이미 기술 우위는 그들의 등장 이전부터 준비되고 있었다. 미국은 이를 그대로 용납하지 않을 것이다. 그렇다면, 반대로 중국은 이에 대해 어떻게 반응하는가? 중국은 반작용의 효과로, 무엇을 대비하고 투자하여 패권을 거머쥘 것인지, 그로 인한 어떤 굴기를 일으킬지 집중하는 중이다. 다시 시작된 AI 중심의 기술 패권은 세계 경제권, 부의 소유권으로 이어진다. 여기에는 딥시크와 그 외의 홍색 AI 기업들의 공로가 크다.

앞서 말한 딥시크의 대표적인 특징인 강화 학습 모델, 오픈소스, 컴퓨팅 파워, 저비용 고효율에는 딥시크의 깊이 있는 사고 '딥 씽킹(Deep Thinking)'이 숨어 있다. 여기에는 바로 차별화된 '전략'과 '전술'도 숨어 있다. 사실상 딥시크의 추론 효능을 향상시키는 강화 학습 모델, 컴퓨팅 파워, 오픈 소스, 투자 비용과 같은 다음 요소들은 향후 추격하는 경쟁 기업들에 의하여 따라 잡힐 수도 있다. 지금 다른 중국 기업들은 이미 딥시크를 탑재하여 더 큰 혁신을 만들려고 몸부림치고 있다. 따라서 딥시크의 진정한 성공 포인트는 기술에 접근하는 차별화된 전략적 사유와 디테일한 전술이었다고 보인다. 그들의 딥 씽킹은 바로 '모두가 접근 가능한' 사유의 남다른 깊이였다. 이는 이미 량원펑이 한 인터뷰에서 밝힌 "우리는 모두가 접근 가능한 AI를 만들고자 했어요."라는 말의 의미를 곱씹어 볼 수 있다. 우리가 딥시크와 량원펑에 대하여 다시 봐야 할 포인트는 AI를 대하는 생각의 재구성이다. 그리고 량원펑의 가설은 통했다. 파괴적 혁신이다. 그리고 이러한 파괴적 혁신을 시도할 수 있었던 용기, 바로 '실패해도 괜찮다'는 수용적인 정신과 문화가 큰 힘이 있었기 때문에 가능했다.

메기 효과, 시장의 촉진자인가 교란자인가

딥시크는 자신들은 '계획된 메기'가 아니었다고 말한다. 즉 어떤 목적을 누리고 시작된 설계된 개발이 아니었다는 점이다. 그러나 기회의 우연은 진정으로 실력이 준비된 자에게 주어지곤 한다. 결과적으로는 딥시크는 메기의 역할로서 AI 생태계에 교란을 일으켰다. 현재 그들은 중국 내에서 강렬한 네트워크 효과, 비즈니스의 경계를 허물고 있다. 무엇보다 오픈소스 전략은 AI 생태계 개방을 촉진함으로써 공동 참여 입구를 만들었다. 외부에서 보기에 딥시크는 어느 한 순간에 기적을 만든 것 같지만, 그 뒤에는 땀과 수고를 축적하고 있었다. 마법도 기적도 아니었다. 그럼 그들은 어디를 향해 가고자 하는가? 그리고 어떤 비전이 딥시크가 파괴적 혁신을 가능하도록 만들었을까? 딥시크는 싸우지 않고 이긴 '부전이굴(不戰而屈)'의 《손자병법》의 전략을 그대로 보여 주었다.

02 딥시크 페르소나

중국에 불어오는 AI 민주화

과연 딥시크는 무임승차인가? 이에 대한 열띤 토론이 있었다. 중국의 AI 연구와 특허 건수를 비교했을 때 무임승차는 아니다.

딥시크는 역발상적 사고로 다른 수를 두었다. 모두가 A 코스로 달릴 때 그들은 차선을 변경했다. 따라서 이는 차별화된 전략이었다. 딥시크가 펼친 메기 전략을 살펴보자.

첫째, 강화 학습 모델(Reinforcement Learning)이다. 강화 학습은 AI 스스로가 추론하는 것을 가리킨다. 즉 주도적으로 최적화 학습을 하는 것을 의미한다. AI가 데이터를 직접 찾아 배움으로써, 기존 방식보다 더 빠르고 깊이 있는 맥락을 습득할 수 있도록 했다.

둘째, 오픈소스 전략이다. 누구나 딥시크의 자체 AI 모델인 R-1 모델을 사용할 수 있도록 개방했다. 즉 사용 권한을 자신만의 권리로 제한 두지 않았다. 레시피 공개에는 '모두가 접근 가능한 AI를 만든다'는 창업자의 정신과 연결된다.

세 번째, AI 연구 개발 비용에 대한 접근 방식을 재편하고 AI 모델의 성능은 강화했다. 위를 뒷받침해 줄 딥시크의 기본 프레임을 살펴보자.

딥시크는 AI가 기본적으로 갖는 개념인 사용하기 편리하며 효율을 올리는 역할의 범위에서 '누구나 언제 어디서든 사용하기 쉬운'이라는 개념으로 확장하며 개방적인 AI 환경을 촉진시켰다. 그리고 사람들은 주목하기 시작했다. 딥시크에 대한 호기심을 갖게 되었다. '도대체 왜? 그리고 어떻게?'라고 말이다.

딥시크의 저비용 고효율, 흔히 말해 AI 가성비 경쟁력 뒤에는 기본적으로 'MoE(전문가 혼합)+MLA(멀티 헤드 잠재 어텐션)+MTP(다중 토큰 예측)' 공식이 있다. 이 성공 방정식을 구동할 수 있었던 전략은 무엇일까? 그들이 다윗처럼 던졌던 물맷돌을 살펴보자.

우선 이 딥시크 팀의 심연에는 실험 정신 기반의 연구 지향성 마인드가 깔려 있었다. 이와 같은 실험 정신은 AI를 단순 제공자가 아닌, 모두가 함께 만들 수 있는 '참여자'로서 발전시켰다. 더불어 새로운 접근 방법으로 AI를 사유하게 하고 시도해 볼 수 있는 용기를 불어넣었다. 동시에 량원펑과 그의 팀은 실력으로 이를 입증했다.

딥시크의 기본 베이스 프레임을 보면 예측할 수 있다.

첫 번째, 전문가 혼합(Mixture of Experts, MoE) 방법을 사용했다. AI에 전문가를 투입시킨 방식이다. 딥시크는 전문가 혼합(MoE) 아키텍처를 적용하여 학습 효율성을 개선했다. 이는 학습 및 서버 비용을 유지하면서 모델 사이즈를 키울 수 있는 효율적인 방법이다. 하지만 전문가 혼합은 1990년대 머신러닝 분야 전문가인 조던(Michael I. Jordan)과 제이콥스(Robert A. Jacobs)에 의해 발전된 개념으로 딥시크가 최초로 개발한 개념은 아니다.

두 번째, 멀티 헤드 어텐션(Multi-Head Latent Attention, MLA) 기법이다. 이는 딥시크가 제시한 GPU 커널 혁신 중 하나이다. 멀티 헤드 어텐션 기법은 성능을 유지하면서 메모리 사용의 효율성을 올리도록 도왔다. 이 방법은 복잡한 문제에 대해 심층적이고 논리적인 사고를 할 수 있도록 돕는 성능을 발휘했다. 더 나아가 딥시크는 멀티 헤드 어텐션을 더욱 최적화한 'FlashMLA'라는 고성능 GPU 커널을 개발했다. 이를 통해 메모리 사용률과 처리 속도를 동시에 개선하면서 GPU의 행렬 연산을 최적화할 수 있었다.

세 번째, 강화 학습을 선택했다. 먼저 그들이 도입한 강화 학습은 지도 학습 기반의 파인튜닝(Supervised Fine Tuning, SFT)을 통해서 스스로 진화하는 능력을 갖추고 있다. 기존 근접 정책 최적화 PPO(Proximal Policy Optimization)를 일반화 순환 정책 최적화 GRPO(Generalized Recurrent Policy Optimization)로 대체하여 알고리즘 추론 능력을 향상시켰다. 이는 기억과 맥락에 기반한 논리적인 사고 성능을 끌어올렸다.

네 번째, 다중 토큰 예측(Multi-Token Prediction, MTP)이다. 다중 토큰 예측으로 추론 속도를 향상시킬 뿐만 아니라 훈련 비용도 절감할 수 있다. 이는 딥시크 V-3 훈련에 핵심 요소이다. 여러 개의 토큰은 대형 언어 모델의 학습 및 추론 성능을 향상시킨다. 밀도 있는 훈련, 잠재적 데이터 효율성 향상, 미래 토큰을 예측하도록 돕는다.

마지막으로 AI 기반의 증류 방법(AI Distillation)이 적용되었다. 딥시크는 지식 증류에 AI를 사용해 비용 절감을 이루었다. 이는 성능을 유지하면서 개발 및 운영 비용을 절감하는 경량화를 실현함으로써 유연한 AI 접근성에 기여했다.

기존 AI 기업은 데이터를 직접 수집하여 훈련하는 방법을 사용했다. 하지만 딥시크는 전통적인 방법에 변화를 가하였다. 그들은 AI를 활용해 데이터를 증류하는 방법을 선택했다.

그야말로 딥시크는 자원 효율적 학습 방식을 적용하여 새로운 AI 학습 패러다임을 제시했다. 제한된 컴퓨팅 자원을 최대한 효율적으로 사용하는 활용 방법을 고안해 냈다. 고가의 칩 없이도 고성능 AI 모델을 개발하여 증명해 냈다. 물론 딥시크는 지속 가능성을 위해 자원 확보가 필요할 것이다. 이미 중국 현지에서는 딥시크를 능가하는 기술력을 갖춘 대형 언어 모델 기업들이 세력을 확장하고 있기 때문이다. 더불어 딥시크는 혁신의 패스트 무버로만 남을지 아니면 중국이라는 타이틀을 넘어 글로벌 AI 생태계에서 퍼포먼스를 제대로 보여 줄지 여전히 시간이 필요할 것이다.

그럼에도 불구하고 그들은 AI 개발 방법론에 변화를 불러일으켰고 동시에 기술적 격차를 축소한 점을 부인하지 않을 수 없다. 누구나 경쟁력 있는 AI를 개발할 수 있도록 길을 만들었다.

03 량원펑에게 없었던 KPI

비전형적 천재들이 모였다

량원펑의 이미지는 중국에서 흔히 말하는 '쉐바(学霸)'를 연상시킨다. 바로 열심히 공부하는 학구파를 뜻한다. 량원펑은 중국 공대생의 흔하고 평범한 이미지에 가깝다. 아직 그가 어떤 캐릭터의 기업가인지는 모두 다 알 수는 없다. 마치 '기술 은둔자'라는 표현이 어울리기도 한다. 하지만 그의 인터뷰, 생각, 기업 문화를 통해서 짐작할 수 있다. 량원펑의 도전 정신을 알면 딥시크의 먼 미래도 이해할 수 있다. 그뿐만 아니라 중국 AI 생태계의 큰 그림을 읽을 수 있을 것이다.

먼저, 그의 서사를 한번 쭉 훑어보자.

량원펑(梁文锋). 1985년생. 광둥성 5선 도시인 잔장시 우촨시 진바현(湛江市吴川市覃巴镇米历岭村人)에서 태어났다. 중국에서 5선 도시면 광둥성의 1선 도시인 광저우와 비교하여 낙후된 환경의 시골에 속한다. 이 마을의 사람들은 공장이나 건설 노동자로 일한다고 한다.

그는 어렸을 때부터 수학적 재능이 뛰어났다고 알려져 있다. 중학교 때 이미 고등학교 과정의 수학을 마쳤고, 저장대학교에서 전자정보공학과 전공으로 학사와 석사 학위를 취득했다. 특별히 그가 저장대학교의 주커전 학원(竺可桢学院, CHU KOCHEN HONORS COLLEGE) 출신이라는 점을 주목할 필요가 있다. 주커전 학원은 저장대학교 내에서 소수의 인재를 발굴하여 엘리트 교육을 실시하며 인재 양성을 위한 맞춤형 교육을 제공한다. 중국의 대표적인 교육자 주커전(竺可桢, 1890~1974)의 사상을 유산으로 삼아 출범했다. 량원펑의 고등학교 동창은 한 인터뷰에서, 그는 프로젝트 실험을 하고, 열심히 공부하며, 축구를 좋아하는 학생이었다고 말했다. 부모님 모두 초등학교 교사 출신이다. 그는 중국 전국 대학생 전자 설계 경진대회(Electronics Design Contest)에서 1등을 수상한 이력도 있다. 이 대회는 중국 산업정보기술부와 교육부가 공동으로 주최하는 학부 경연대회 중 하나이다. 그의 총명함은 어린 시절부터 타고났었다.

그는 중국의 주요 오피니언 세대인 바링허우(八零后, 80년대생)다. 중국의 바링허우 세대는 어떤 중국 문화와 경제를 경험했을까. 중국의 개혁개방 이후 시장 경제가 열린 세대를 살았다. 실제 중국의 빅테크 기업의 창업자들 대부분이 바링허우, 80년대생 출신이 많다. 더우인을 운영하고 있는 바이트댄스의 창업자 장이홍(张一鸣), 숏폼 플랫폼 서비스 콰이쇼우의 청이씨아오(程一笑), 중국판 유튜브 비리비리의 쉬투(徐逸), 콘텐츠 기반의 라이브 커머스 플랫폼 샤오홍슈의 마오원챠오(毛文超), 취팡(瞿芳), 소셜 커머스 핀둬둬의 황정(黃崢), 드론 기업 DJI의 왕타오(汪滔) 등 모두 바링 허우 세대이다. 그리고 이를 앞지르고 있는 인물이 바로 량원펑 이다.

딥시크를 만든 기여자에서 빼놓을 수 없는 한 인물이 있다. 그와 함께 화제된 여성, 뤄푸리(罗福莉). 량원펑이 광둥성 5선 도시에서 산 것과 비슷하게 뤄푸리는 쓰촨성 이빈시(宜宾市)에서 평범하게 자랐다. 아버지는 전기공, 어머니는 교사, 자매는 의사이다. 뤄푸리의 고등학교 담임 선생님은 한 인터뷰에서, 그녀의 근면 성실과 집중력을 칭찬한 바 있다. 2019년 뤄푸리는 세계적으로 권위 있는 자연어처리 학회인 ACL(Annual Meeting of the Association for Computational Linguistics, 전산언어학회)에서 8편의 논문을 발표했고, 그중 2편은 첫 번째 저자로 이름을 올릴 정도로 우수한 실력을 보였다. 뤄푸리는 북경사범대학교(北京师范大学)에서 컴퓨터 공학을 전공했다. 이후 북경대학교(北京大学)에서 계산 언어학 석사 학위로 졸업했으며, 언어 컴퓨팅 연구실에서는 자연어 처리(NLP)를 연구했다. 졸업 후 알리바바 다모 아카데미(达摩院, 알리바바 그룹의 연구개발 부문)에서 AI 연구 경력을 쌓았다. 2022년부터 환팡량화에서 딥러닝 관련 전략 기획 및 알고리즘 개발 연구를 시작으로, 딥시크 AI 연구에 참여하며 실력을 발휘했다. 샤오미 대표 레이쥔이 이러한 그녀의 열정과 능력에 감탄하며 1,000만 위안(약 19억 8,000만 원) 연봉을 제안할 만큼 뛰어난 여성 인재다.

량원펑의 기본 철학은 무엇인가

우리가 호기심을 갖는 대상은 딥시크를 만든 사람이다. 전 세계를 뒤흔든 량원펑은 도대체 어떤 기업가일까?

량원펑은 충분한 개발 자본을 보유한 상태에서 딥시크를 만들었다. 엄밀히 말해, 외부 투자를 유치하지 않고도 내부적으로 안정적인 현금을 확보한 상태였다. 이미 심리적, 물리적 환경의 여유를 갖추고 있었다.

그의 첫 창업은 AI를 활용한 퀀트 투자였다. 청두(成都)의 한 아파트에서 저장대학교 동문들과 함께 '환팡량화(幻方量化, High Flyer)' 스타트업을 창업했다. 헤지펀드에 AI를 적용해 투자를 하는 사업으로, 수학적 통계를 기반으로 최적의 투자 의사 결정을 실현하게 된다. 2016년 처음으로 AI 거래 모델을 출시했다. 그는 이 사업을 하면서 돈을 많이 벌었다. 양적 자동화 거래 시스템을 만든 것이다. 100억 위안(약 1조 9,800억 원) 규모의 저장 지우장 자산(浙江九章资产)과 닝보어 환팡량화(宁波幻方量化) 두 개의 계열사를 운영하고 있다.

그리고 2023년 환팡량화의 팀원들과 함께 딥시크를 만들기 시작했다. 당시, 외부 투자는 받지 않아도 될 정도로 충분한 자금이 있었다. 현재 환팡량화는 700억 위안(약 13조 4,600억 원) 규모의 자산을 운용한다.

어떠한 측면에서는 량원펑이 미리 자본 설계를 하고 딥시크 개발에 들어갔다고 볼 수 있다. 다시 말해, AI 개발에 실패해도 아무도 평가하지 않는 자율적, 자유로운 환경 기반을 먼저 만드는 것이었다. 이는 실제 딥시크의 주주 관계를 살펴보면 알 수 있다. 딥시크가 실패해도 괜찮다는 수용적인 문화 뒤에는 아마도 딥시크의 안정적인 이해관계 때문일 수도 있겠다는 생각을 할 수 있다. 그렇다면 그들의 자본 구조는 어떻게 될까? 실제 이 회사의 투자 및 자금 흐름이 어떠한 주주 관계로 구성되어 있는지 파악하는 것은 딥시크의 대규모 연구 인프라 구축 과정에 대한 이해를 도울 수 있다.

량원펑은 딥시크의 사업 운영을 이끌면서도 동시에 자유로운 실험 문화를 유지할 수 있는 리더십을 발휘했다. 그는 회사와 팀에 유리한 자본 구조 기반 위에서, AI 연구를 안정적으로 실현할 수 있었다. 그가 어떻게 자본 구조를 설계했는지 살펴볼 것이다.

딥시크의 이해관계도를 살펴보자. 딥시크 주주 구조를 살펴보면, 량원펑은 1%, 닝보어청은 기업 비즈니스 컨설팅 회사(宁波程恩企业管理)가 99% 지분을 소유하고 있다. 그리고 이 100%의 지분은 다시 항저우 딥시크(杭州深度思考人工智能有限公司) 회사로 흘러 들어간다. 여기서 다시 0.1%는 닝보어청차이 기업 비즈니스 컨설팅 파트너 회사(宁波程采企业管理咨询有限公司)로 들어간다. 그리고 100%의 자금은 베이징 소재의 딥시크 회사로 유입된다. 량원펑은 도전과 혁신이 간섭받지 않도록 자본의 주도권으로 기반을 먼저 다졌다.

KPI는 없었다

    이 팀은 KPI 측정 지표가 없다. 기업에서 KPI가 필수가 아니라면, 어떤 다른 방법으로 진전된 성과를 측정할 수 있을까? 그리고 어떻게 혁신에 드라이브를 걸 수 있단 말인가?

    "당사의 평가 기준은 일반 기업과 다릅니다. 우리에게는 KPI도 없고 소위 말하는 업무도 없습니다."

    량원펑이 한 인터뷰에서 건넨 말이다. 딥시크의 기업 문화는 마음껏 연구하고 실패하고 도전하는 것이다. 스타트업에 KPI 측정 지표가 없다는 것은 어쩌면 무모해 보일 수 있다. 그러나 량원펑은 실패해도 좋으니 무엇이든 마음껏 연구 개발할 수 있는 환경을 조성했다. 이러한 그의 리더십은 주도적인 연구 정신에 불을 지폈다.

    딥시크, 세상을 떠들썩했지만 정작 본인들은 조용하다. 중국 내에서도 량원펑은 매체에 좀처럼 얼굴을 드러내지 않고 있다. 조용하게 실력 있는 자가 더 무서운 법이다. 뒤에서 어떤 작전을 준비하고 있을지 모르기 때문이다. 딥시크는 어떤 정신문화를 가지고 있을까? 인재 채용 기준은 '비전형적인 재능'이다. 팀원은 약 150명, 평균 연령 28세, 중국 국내 대학교 출신, 그중 절반은 졸업 후 커리어 경험이 전무하다.

    딥시크 팀에는 흥미로운 문화가 있다. 바로 '3불(3不) 정책'이다.

첫째, 고정된 팀 없음, 두 번째, 보고 관계 없음, 세 번째, 연간 계획 없음이 포함된다. 여기서 무엇보다 고정된 팀이 없는 문화 환경은 딥시크로 하여금 높은 인재 밀도를 갖게 만들었다. 그리고 그 인재들은 중국 현지 시장에서 나왔다. 직원들에게 기술 결정권을 부여하여 자율적인 성장을 촉진했다. 이는 인재가 모일 수밖에 없는 문화를 형성했다. 자율성을 부여하고, 실패를 수용하는, 과정의 가치를 우선으로 생각하는 문화가 지금의 딥시크를 있게 하였다.

과거 량원펑이 참여했던 인터뷰를 보면 그의 생각 구조를 더 들여다볼 수 있다.

"우리는 대형 언어 모델 기반의 애플리케이션을 너무 일찍 설계하지 않을 것이며, 오로지 대형 언어 모델에 집중할 것입니다. 장기적으로는 대형 언어 모델을 적용하는 문턱이 점점 낮아질 것이고, 스타트업에는 향후 20년 내에 언제든지 기회가 생길 것입니다. 우리의 목표는 매우 명확합니다. 수직적 범주나 응용 분야에 집중하는 것이 아니라 연구와 탐구를 하는 것이에요."

여기서 연구는 AI 모델과 AI 에이전트를 뜻한다.

딥시크는 개방적인 연구 개발에 몰입 환경을 위해 의도적으로 하향식을 선택했다. 하향식 문화에는 누구나 아이디어를 공유하고 실패라는 낙인 없이 도전하는 개방적 혁신 사유를 유도하는 임파워링 문화가 뒷받침되었다. 이는 지표와 평가를 목표로 삼는 KPI 공식을 파괴시켰다.

샘 올트만에게는 없고 량원펑에게는 있는 것은 무엇일까?

둘의 출생지부터 뇌 구조까지 샘 올트만과 량원펑을 비교해 보자. 둘의 공통점은 동년배의 공대 출신, 그러나 다른 점이 있다면 량원펑은 먼저 자기 자본을 만들어 AI 연구에 투자했고, 샘 올트만은 투자 유치를 했다. 무엇보다 둘의 세계관은 어떻게 다를까?

[오픈 AI 샘 올트만 VS 딥시크 량원펑]

이름	샘 올트만 Sam Oltman	량원펑 梁文锋
출생연도	1985년생	1985년생
출생지	미국 일리노이주 시카고	중국 광둥성 잔장시
출신학교	스탠퍼드대학교	저장대학교
전공	컴퓨터 과학	전자정보공학
투자 금액	400억 달러(약 56조 원)	외부투자 유치 없음
자산	130억 위안(약 2조 5,000억 원) *2025년 후룬 글로벌 부자 리스트 기준	330억 위안(약 6조 3,600억 원)
AI 전략	폐쇄형 전략	오픈소스
기업가치	약 3,000억 달러(약 415조 원) *출처 : 구글	10억 달러(약 1조 3,800억 원)에서 1,550억 달러(약 215조 원) *블룸버그

*사진 출처 : 나무위키, 바이두

04 핀둬둬와 샤오미를 합친 혁신

가격 혁명과 기술 혁신을 융합하다

딥시크를 AI계의 핀둬둬(拼多多)라고 부른다. 왜 중국의 대표적인 소셜 커뮤니티 커머스인 핀둬둬에 비유할까? 이 비유는 최저가로 시장을 공략했다는 점을 상징한다. 그러나 지금 딥시크의 행보를 보면, 단순히 가격 경쟁으로만 핀둬둬라고 하기에는 거대하게 생태계를 확장하고 있는 힘이 핀둬둬를 당연히 능가한다. 오히려 딥시크는 핀둬둬와 샤오미를 합친 것과 같은 느낌을 준다.

딥시크가 핀둬둬와 비교가 된 이유는 비단 최저가 공략뿐만 아니라, 이는 자원을 최적화했다는 점에서 유사하다고 볼 수 있다. 핀둬둬가 대량 주문 방식을 도입하여 최저가 전략으로 제품을 판매했던 것처럼 멀티 헤드 잠재 어텐션(MLA) 등 기술적 방법을 동원하여 비용 절감 방식을 실현해 낸 딥시크는 어딘가 모르게 비슷하게 비춰질 수 있다.

동시에 딥시크를 보면 어떤 면에서는 샤오미와 비슷한 성공 요인이 보이기도 한다. 샤오미는 모두가 오프라인에서 전자기기를 판매할 때, 온라인 판매를 통해 유통가를 낮추었다. 오픈 AI가 폐쇄 전략을 고수할 때, 딥시크는 데이터 저장소(Repo), 모델 코드, 가중치, 엔지니어링 방식 모두를 공개하기로 선택했다. 이러한 반대 전략 뒤에는 샤오미의 소프트웨어 역량이 있었던 것처럼 딥시크의 탄탄한 R&D가 뒷받침되었다.

처음 샤오미가 등장했을 때도 세계가 놀랐다. 스티브 잡스와 비슷한 모습으로 등장한 레이쥔과 샤오미 폰을 보고 마치 애플을 연상했기 때문이다. 샤오미는 CVC(Coporate Venture Capital) 전략과 유통 혁신 접근법을 통해 가전 등 다양한 산업과 사슬고리를 탄탄히 구축했고 글로벌 시장에서 거뜬히 성장해 갔다. 비결은 바로 '크라우드 오픈소스 개발' 전략이 한몫했다. 누구나 샤오미 제품 개발에 참여할 수 있었다. 딥시크 또한 오픈소스 전략을 통해 자발적 협업을 유도했다. 그 결과 딥시크의 과감한 기술 개방 행보로 중국 내에서는 많은 딥시크 추종자들이 생겼다. 이는 마치 샤오미가 '미펀(米粉)'이라는 팬덤 문화, 커뮤니티를 통해 참여자에 대한 능동적 참여를 이끌었던 현상과 비슷하다. 샤오미가 자체 개발한 MIUI(MI User Interface, 샤오미만의 운영 체제)를 기반으로 다양한 제품과 이를 연결하여 생태계를 구축했던 것처럼, 딥시크의 기술을 투명하게 공개한 전략은 AI 개발자 커뮤니티를 활성화시켰다. 딥시크와 샤오미 두 기업이 모두 오픈 이노베이션 생태계를 구축했다는 점에서 유사한 분위기를 자아낸다.

그 뒤에는 딥시크가 합리적인 가격으로 고품질의 기술을 대중화하겠다는 사명이 있었기에 가능했다. 그들의 최종 목표는 전 세계에 AGI를 오픈소스로 제공하는 것이다.

딥시크의 등장은 말 그대로 AI 생태계의 '샤오미' 모델을 만들었다고 할 수 있다. 즉 오픈 생태계 전략을 기반으로 기술과 가격 혁명을 만든 것이다. 중국 현지 매체에 따르면, 딥시크의 등장을 마치 AI 시대의 '아이폰(iPhone)'으로 비유하였다. 딥시크는 AI의 높은 개발 비용을 저비용으로 구조 전환하여 운영의 효율을 높였다. 이는 제본스의 역설처럼, 가격은 낮아져도 총소비량이 오히려 역주행하듯 증가할 수 있는 가능성을 보여 주었다. 그들의 출현은 AI 고비용 구조에 균열을 일으키며 시장의 판을 바꾸었다. 그리고 이 모든 것이 중국 내에서 메이드 인 차이나로 이루어진 것이다. 원자재를 구하는 것부터 완제품 출시까지 모든 게 중국의 AI 인프라 내에서 만들어졌다.

딥시크, 그들은 중국 내에서 자발적인 팬덤을 형성했다. 샤오미가 개발 과정에 고객들을 참여시켜 오픈 이노베이션 기반의 개발 생태계를 형성했듯이, 딥시크 또한 사용자와 개발자가 함께 진화하는 커뮤니티를 구축했다. 다시 말해, 그들의 오픈소스 전략은 AI가 집단지성과 만날 수 있도록 생태계를 활성화시켰다. 이는 자발적인 AI 개발 문화를 조성하는 데 영향력을 발휘했다.

02

딥시크 생태계의 점·선·면

승전계(勝戰計) - 성동격서(聲東擊西)

"적의 주의를 다른 방향으로 돌린 후,
예상치 못한 방향에서 공격을 가하는 전략"

01 딥시크로 변화한 중국인의 일상

중국 사회가 딥시크로 물들다

딥시크를 가장 많이 체감하고 있는 실제 중국인들은 어떤 라이프스타일을 경험하고 있을까?

중국 인민일보(人民日報) 보도에 따르면, 2025년 2월 기준 중국 내 생성형 AI 사용자 수는 약 2억 5,000만 명에 달한다. 중국 청년일보(靑年日報)에서는 딥시크 사용 설문조사를 진행했는데 2,007명의 설문 참여자 중 78.8%가 '딥시크에 도움을 받았다'고 응답하며 이미 일상과 업무에서 사용되고 있었다. 중국 청년들도 이미 생성형 AI와 삶의 일부분을 연결하며 살아간다. 가장 높은 사용률의 연령층은 20~29세 41.5%, 30~39세 23.9%로 순으로 AI 사용도가 높았다.

중국인들은 주로 어느 영역에서 AI를 사용하고 있을까? 1위는 정보의 문답에서 가장 많이 사용되고 있었다. 2위는 보조 도구로 사용하고 있었다. 그다음으로는 회의록 작성, PPT 작성과 같은 문서 작업에 활용하며 생산성을 위해 사용하고 있었다. 현재는 이미지, 비디오, 콘텐츠 생성 영역에서 사용자가 늘고 있는 추세이다.

한때 중국에 가면 '위챗으로 모든 길이 통한다'라는 분위기가 만연할 정도로 소비, 문화, 지식 정보, 결제 등 위챗으로 QR 코드만 스캔하면 편리한 일상생활을 누릴 수 있었다. 물론 이 장면은 매우 보편화된 이야기가 되었다. 지금은 어떠한가. 어떻게 중국인들의 일상이 변하고 있을까. 거대한 딥시크의 물결에 보통의 중국인들은 실제 어떤 영향을 받고 있을까.

이미 중국 국민 SNS이자 메신저 위챗에도 딥시크가 결합되었다. 월간 활성 사용자 수(MAU) 13억 3,000만 명, 일일 활성 사용자 수(DAU) 10억 명에 달하는 플랫폼에 딥시크가 연결되었으니 위챗은 앞으로 지능형 AI 메신저 및 플랫폼으로 진화하는 일만 남았다.

위챗 검색 창에서는 AI 검색 옵션 창이 뜨고 왼쪽 하단에 딥시크를 클릭하면 바로 사용이 가능하다. 위챗의 기업 슬로건인 '생태계 연결 허브'와 맞물려, 딥시크는 중국인들의 일상생활에 AI 인터페이스 역할을 감당하고 있다.

딥시크는 비단 딥시크의 주요 사용자인 주링허우(九零后, 90년대생), 바링허우(八零后, 80년대생) 직장인 세대뿐만 아니라, 다음 세대인 링링허우(零零后, 2000년생 이후 출생자)의 학교 현장까지 점령했다.

선전에 사는 바링허우 세대의 자녀들인 링링허우의 일상이다.

선전시 난산구에 위치한 주광초등학교 학생들은 학교 문을 여는 순간, 스마트 학교로 등교한다. 그 배경에는 학교에서 AI 체험을 학습 환경으로 만들었기 때문이다. 학교에서는 '스마트 인센티브 수퍼마켓'을 만들어 문해력 점수를 쌓게 되면, 점수를 학교 코인으로 바꾸어 AI 체험관, 과학기술 체험관에서 게임 활동에 참여할 수 있다. 학교 코인을 도입한 점도 흥미롭다. 수업 태도, 시험 점수, 운동 실력 등이 좋으면 학교 코인을 획득할 수 있고, 이 코인은 화폐로 환전이 가능하다고 한다. 앞으로 중국의 경제와 사회, 문화의 주요 오피니언 리더가될 이 링링허우 집단은 딥시크에 빠르게 적응하고 있어, 이 세대에서도 제2, 제3의 량원펑과 같은 차세대 혁신 기업가가 나올 가능성도 있다. 6~19세 연령대의 생성형 AI 이용률은 21.1%에 달한다.

대학생들의 캠퍼스 일상도 바뀌고 있다. 중국의 대학 캠퍼스는 첨단 기술 혁신의 세련된 이미지로 변모하고 있다. 그 중심에는 AI가 있다. 덕분에 학생들의 캠퍼스 생활도 편리해질 수 있는 환경이 마련되고 있다. 사용자 중 82%가 딥시크 덕분에 지식 검색 경로가 단축되었다고 밝혔다.

중국 인민대학교(人民大學)는 딥시크를 교육, 과학 연구, 행정에 도입했다. 대학교 운영 시스템에 딥시크가 결합됨으로써 AI 기반의 컴퓨팅 파워를 가지게 되었다. 인민대학교 국가 거버넌스 빅데이터 및 인공지능 혁신 플랫폼의 책임 담당자는 한 인터뷰에서 "딥시크는 단과 대학에서 학문 연구에 사용될 것입니다. 미래 과학연구 모델로 과학 연구 역량, 교육 역량 향상을 돕는 인프라가 구축될 것입니다.”라고 말했다.

사람 조교는 AI 조교로 대체되었다. 인민대학교에서 개발한 AI 조교 ‘수이니쭈이링’은 매일 2,000여 개에 달하는 질문에 답을 한다. 이는 교수와 학교 행정의 의사소통 비용을 줄여 학교와 학생의 목적인 학습과 연구에 더욱 몰입하도록 돕는다.

중국 톈진에 위치한 난카이대학교(南开大学)에서는 AI 애플리케이션을 만드는 플랫폼을 제공한다. 바로 ‘다위 스마트 학습 파트너(大语智慧学伴)’이다. 난카이대학교 내에서만 만들어진 AI 에이전트의 수는 8,000개에 달한다. 이제 중국의 캠퍼스는 AI를 중심으로 스마트 캠퍼스로 변화하고 있다.

직장인들의 업무 일상도 자연스럽게 바뀌고 있다. 중국 직장인 중 60%는 AI 도구를 업무에 활용하고 있다. 2024년의 경우, 직장 내 AI 사용률인 44%보다 증가한 수치이다. 이제 딥시크 및 중국판 생성형 AI 서비스는 업무 파트너가 되었다. 하지만 반대로 직업을 잃게 될까 하는 불안감도 배제하지 않을 수 없다. 그럼에도 불구하고 ‘딥시크를 활용하여 업무 효율성 올리는 가이드’라는 제목의 직장인 필독 블로그와 같은 내용을 흔하게 볼 수 있다.

02 스마트 도시로 변한 중국

중국이 미래 도시를 건설하다

중국의 도시들은 마치 인간 뇌의 생각, 감정, 행동을 처리하는 전두엽처럼, 판단하고 실행하는 일종의 '사고하는 도시(Brain City)'가 되었다. 바로 스마트 도시(Smart City)이다. 이는 알고리즘이 도시를 만들어 가는 지능형 도시를 의미한다.

중국이 설계하는 스마트 도시에는 AI가 앞에 전제로 따라 붙는다. 2024년 중국의 스마트 도시 시장 규모는 6,703억 위안(약 130조 원)으로, 2027년에는 1,858억 7,000만 위안(약 36조 원)규모가 더욱 증가하게 될 것이라고 말한다. 중국이 말하는 스마트 도시의 본질은 AI, 빅데이터, 클라우드, 사물인터넷 등 기술을 포함한다.

중국은 56개의 다민족을 포함한 14억 인구를 담고 있는 국가이다. 중국의 도시화율은 2023년 기준 66.16%에 달한다. 인구

통계학자들에 따르면, 2030년이 되면 중국의 도시화율은 70% 이상을 넘을 것으로 예상한다.

지금 중국의 도시는 기술이 도시를 이끌어가는 형태로 탈바꿈하고 있다. 중국 정부가 내세운 스마트 도시 비전에 에너지를 부은 주인공은 딥시크이다. 도시가 그리는 미래는 지방정부의 거버넌스와 AI 및 테크 기업의 협업으로 실행된다. 이제 중국의 도시는 '주거, 사는 곳'에서 '문제 해결자(Problem-solver)'가 되었다. 물론 여기에는 개인정보 및 데이터 유출에 관한 민감한 문제가 함께 제기된다. 그럼에도 불구하고 중국 지방정부는 도시를 변혁하는 데 모든 에너지를 쏟고 있다. 그 이유는 무엇일까? 도시에 딥시크를 결합하여 스마트 도시 사례를 만든다면, 그것은 곧 중국 지방정부의 성과로 돌아가기 때문이다. 그래서 그들은 스마트 도시에 전부를 걸고 있다.

딥시크와 시티 브레인을 결합하다

중국 정부는 '시티 브레인(City Brain, 도시 대뇌)'이라는 거대한 도시 정책을 내세웠다. 스마트 도시 조성은 지방정부의 핵심 업무 과제이다. 그들의 지속적인 거버넌스는 디지털 도시 개발과 기술 연결로 이어진다. 도시는 이른바 인간과 같은 지능, 그것도 초지능을 갖게 된 것이다. 도시는 단순히 거주하고, 문화생활을 하고, 일을 하는 곳이 아니다. 지금 중국의 도시는 전통적인 거주 개념의 도시의 반경을 넓히고 있다. 도시에는 방대한 데이터들이 돌아가고 있으며 이는 실시간으로 분석되고 처리된다. 즉 이제 도시는 사고를 할 수 있는 인지형 공간이 되고 있다. 중국은 AI를 전략적 파트너로 삼아 미래 공간을 준비하고 있다. 이 과정에서 딥시크는 도시의 공공 보안, 교통, 시설 운영 등 다양한 상황에 도입되어 정부에 도시 거버넌스의 영향력을 제공한다.

딥시크가 광저우를 AI 스마트 혁신 도시로 만들다

광저우는 '디지털 광저우(数字广州)'를 만들겠다고 선언했다. 이른바 '디지털 광저우 건설 계획'을 발표하며, 15차 5개년 계획 동안 광저우를 스마트 도시로 탈바꿈시키겠다고 밝혔다. 광저우 텐허구(天河区)는 지능형 데이터 분석 어시스턴트에 딥시크 R-1을 도입하기로 결정했다. 광저우는 딥시크를 정부 업무에 도입하여 국민 생활 서비스, 사회 거버넌스, 도시 행정 시스템 등에 AI를 적극 도입했다. 이로써 '도시+정부+AI' 새로운 도시 공식을 써 내려가고 있다.

광저우 정부는 전산망에 딥시크 풀버전(滿血版)을 도입하여 공문 작성, 정책 해석 등 행정 프로세스를 자동화한다. 이는 도시의 심장부 역할을 하는 정부의 의사 결정에 즉각적인 영향을 미치게 된다. 도시 거버넌스는 데이터와 AI를 기반으로 피드백을 받게 된다.

선전, 도시의 개념을 재정의하다

IT 기업이 대거 몰려 있는 선전에서는 '선전 인공지능 선구 도시 건설 추진을 위한 행동 계획(2025~2026)'을 내세웠는데 국가급 차세대 인공지능 혁신 개발 시범구를 건설하는 것이 목표이다. 이를 위해서 선전은 도시에 견고한 산업 사슬 건설, 소프트웨어와 하드웨어 기술의 협업, 생태계 강화 등을 강조하고 나섰다. 선전이 공략을 건 스마트 도시의 목표는 바로 2026년까지 3,000개 이상의 AI 및 스마트 로봇 인큐베이터를 출범하는 것이다. 더불어 도시 안에서 스마트 의료 서비스, 스마트 공중 보건 관리, AI 금융 서비스, AI 과학 연구 등 다양한 인공지능 결합 서비스를 지원하고 연계할 수 있는 산업 클러스터가 조성된다. 따라서 도시는 AI 기업들이 산업 클러스터를 형성함으로써 더 나은 인재들이 유입될 수 있는 역할까지도 해내게 된다.

그뿐만 아니라 선전에서는 실종자를 대신 찾아주는 솔루션까지 생겼다. 예를 들어, 선전의 롱강구(龙岗)는 23만 개의 비디오 감시 채널을 통해 사람을 찾는다. 이미 300건 이상 실종자를 찾는데 도움을 주었다고 한다. 여기에는 물론 좋은 점도 있겠지만, 모두가 감시망 안에 있다는 점은 또 다른 우려를 낳게 한다.

'과연 도시에 진정한 자유는 존재할 수 있는가? AI 스마트 도시라는 명목 아래, 시민의 권리는 어디까지인가?'라는 질문을 하지 않을 수 없다. 도시 곳곳에는 비디오 감시, 음성 인식 등 다양한 데이터 형태가 실시간으로 공유되며 도시 주민들의 생활이 어느 범위의 거버넌스까지 개입되는지 물음표를 떠올리게 된다. 이제 중국의 도시는 더 이상 부동산으로서 가치를 자랑하는 곳이 아니다. 지금 중국의 도시는 AI를 중심으로 주거, 복지, 교통, 환경, 안전, 문화를 연결하고 스마트하게 담아 내는 공간이 되었다. 그리고 미래 도시에 대한 새로운 기준을 빠른 속도로 써 내려가고 있다.

상하이, 인공지능으로 도시 경쟁력 최고 수준에 이르다

상하이는 중국의 대표적인 시나리오 경제 도시의 출발지이다. 즉 무언가를 테스팅하는 시범 도시이다. 여기서 시나리오는 인공지능을 중심으로 전개된다. 상하이에서는 AI 연구 개발부터 시범까지 구현된다. 2024년, 상하이 인공지능 경제 규모는 4,000억 위안(약 77조 원)으로, 7.8% 성장률을 달리고 있었다. 2030년이 되면 6,433억 3,500만 위안(약 124조 원)에 이를 것으로 전망하고 있다. 이렇게 되면, 상하이의 GDP는 6조 4,333억 5,000만 위안(약 1,240조 원)에 달할 것으로 예상하고 있다.

상하이에서만 등록된 생성형 AI 대형 언어 모델 서비스의 수는 60건으로, 중국 전역 2위를 차지한다. 이처럼 상하이 역시 AI 모델의 생태계 구축, 금융, 제조, 바이오 제약 등 다양한 분야에 AI 기술을 응용하는 데 박차를 가하고 있다. 상하이에는 '상하이 AI 실험실'이 세워졌다. 칭화대학교, 북경대학교, 상해교통대학교, 복단대학교, 저장대학교 등이 함께 참여하는 인공지능 연구 기관이다. 상하이를 중심으로 세계 최고 수준의 AI 거점을 세우겠다는 것을 의미한다.

이렇게 중국 전역에는 딥시크 바람이 불고 있다. 후난성 창사시(湖南省长沙市)에서는 도시 애플리케이션 'CS-DeepSeek'를 출시했다. 창사시의 도시 관리, 사회 서비스, 공공 안전, 교통, 자연재해 등 다양한 영역에서 관리에 들어간다. 도시의 상태를 식별하고 모니터링하며 위험을 예측한다.

중국이 그리는 인공지능 청사진에는 인간의 거주 공간인 도시도 타깃이 되었다. 도시에 연결된 딥시크는 중국이 스마트 도시의 경쟁력을 갖춘 국가로 급부상할 수 있도록 견인 역할을 해 주었다. 특별히 중국이 목표하는 AI 스마트 도시는 곧 중국 지방정부의 통제와 성과로 귀결된다. 중국의 도시 관리자들은 딥시크를 사용해 미래형 도시를 준비하고 있다. 중국의 도시를 세계를 선도하는 글로벌 혁신 도시로서 탈바꿈시키려는 국가적 비전이 깔려 있다. 더불어 글로벌 시장에서 중국 자국 혁신의 새로운 표준을 만들어 가는 것이 핵심이다.

03 학교에 부는 AI 패러다임

중국 Z세대, AI와 미래 학교를 준비하다

딥시크는 교육의 가장 근본인 공교육으로 들어갔다. 공교육과 인공지능의 만남이 중국의 교육 시스템의 뿌리를 바꾸고 있다.

딥시크는 중국 기업들의 DNA를 새롭게 만들고 있다. 많은 기업은 딥시크로 자원을 공급받고 있다. 교육계도 거부감 없이 이러한 변화를 적극 수용하고 있다. 중국의 교육계는 '일방적 가르침'에서 'AI 기반의 자기 주도적 학습' 분위기로 가고 있다. 더 나아가 딥시크를 추론적 사유 방식을 촉진하는 친밀한 학습 파트너로 삼고 있다. 이미 중국 학부모들 사이에서는 자녀 교육에 AI를 학습을 돕는 과외 보조 도구로써 사용하고 있다. 매우 유연하게 AI 기반 학습 도구를 수용하며, 새로운 교육 패러다임에 적응 중이다. 중국인의 기술 흡수도가 매우 빠르다는 점을 가늠할 수 있다. 딥시크는 어떻게 스마트 교육의 지평을 열고 있을까.

딥시크와 같은 AI 도구의 도입은 중국 공교육 현장에서 미래형 AI 인재를 키우는 촉진제가 될 수 있다. 학생들은 딥시크를 통해 단순한 수용자가 아닌, AI와 함께 사유하는 차세대 AI 인재로서 성장하고 있다. 그렇다면 현재 중국의 공교육 현장에서는 딥시크가 어떻게 적용되고 있을까? 교사들은 이제 반복적인 업무에서 해방됨으로써 오히려 교육의 본질에 집중할 수 있다고 말한다. 학교는 기본적으로 교사들을 대상으로 딥시크 응용 워크숍을 열어 효율적인 수업 준비를 할 수 있도록 지원한다. 공교육에 AI가 빠르게 흡수되는 현상을 보며 한 교수는 '교실의 권력 구조가 재구성되다'라는 표현을 썼다. AI 도입으로 학생들 중심의 교육 분위기가 만들어지고 있다는 의미다.

베이징 순의구(順义区)에서는 딥시크로 스마트 교육을 준비하고 있다. 교사의 업무를 지원하고, 학생들은 자신에게 맞는 학습 계획, 실시간 질문, 학습 자료 생성에 도움을 받게 된다. 베이징 소재의 제80중학교에서는 500명의 교육 전문가들이 모여 '인공지능+교육'을 논의하며 미래 스마트 교육의 청사진을 그렸다. 해당 중학교에서 근무하는 한 교사의 이야기다. 그녀는 딥시크를 활용해 맞춤형 과제를 만들었다. 학생들의 답변을 딥시크로 실시간 분석하고 학습 상황을 파악한다. 학생들은 AI 어시스턴트로 학습을 지원받고 있다. 베이징은 '초·중등학교 인공지능 교육 추진 계획(2025~2027)'을 발표했다. 순의구 스마트교육 발전 촉진센터의 루정 이사의 말을 들어 보면, 현재 중국의 기초 교육 현장에서는 어떻게 딥시크를 흡수하고 있는지 가늠해 볼 수 있다.

"순의구는 중국에서 두 번째, 베이징에서 처음으로 기초 교육 분야에서 딥시크 R-1 모델을 전면적으로 도입했어요."

이미 딥시크는 '인공지능+교육'에 초점을 맞춰 스마트 교사 양성 등 다양한 AI 교육 시나리오로 학교 현장에 적용되고 있었다.

딥시크가 교육에 활용되고 있는 사례는 단순한 학습 보조의 목적을 맞춘 AI 도구로서 역할을 제한하지 않는다. AI 교육을 가속화할 수 있는 시스템 마련에도 힘을 가하고 있다. 대표적으로 징둥 클라우드가 만든 'JD 클라우드 딥시크'는 교육 산업을 기준으로 한 올인원 머신을 출시했다.

여기에는 딥시크 증류 버전이 탑재되어 있다고 한다. 물론 이 안에 들어간 칩 역시 '메이드 인 중국'이다. 이 올인원 머신은 교육 현장에 최적화된 것으로, 지능화된 맞춤형 교육 경험을 제공한다.

대표적인 온라인 교육 플랫폼 쉐얼스(学而思)는 'Ask Anytime'을 출시하며 전국 초·중등학생에게 공부 친구의 역할이 되어 주고 있다. 쉐얼스를 직접 사용한 중국의 한 초등학교 3학년 학생의 이야기를 들어 보자. 왕루이라는 학생은 쉐얼스의 Ask Anytime을 사용해 나무 심기 문제를 단 7분 만에 풀었다고 한다. 하지만 이는 단순히 답변을 요구하는 질문이 아닌, 소크라테스식 질문을 통해 이루어졌는데 이 질문을 유도한 주체가 바로 딥시크라는 점이다. 사고를 훈련시키고 추론할 수 있도록 도왔다. AI 학습 어시스턴트는 문제를 풀 수 있도록 생각을 유도한다. 왕루이의 어머니는 오히려 아이에게 더 집중할 수 있게 되었다고 한다.

"더 이상 아이의 숙제를 봐주면서 마치 조사하는 마음이 들지 않아요. 그 대신 아이가 좋아하는 일을 더 함께 할 수 있어요."

AI 학습 어시스턴트는 중국 학부모들에게 만족도가 높다.

중국의 다음 세대 링링허우와 그들의 부모인 주요 오피니언 리더가 가득한 세대인 바링허우, 주링허우 학부모들에게 딥시크는 학습 파트너가 되었다. 아이들의 숙제와 학습 지원을 주관적인 간섭이 아닌 객관적인 데이터를 기반으로 도와주기 때문이다. 의사 결정의 수고를 덜어 주었다.

칭다오의 한 초등학교는 '샤오신 딥시크' 프로젝트를 통해 교사들의 업무를 지원하는 AI 비서 역할을 제공한다. 학생들을 위한 교육 자료도 모두 딥시크로 제작한다.

중국은 미래를 준비할 때 교육과 인재 양성을 빼놓지 않는다. 교육은 경제 성장의 원동력이며 가장 기초적인 발판을 마련해 준다. 왜냐하면 교육은 인재를 발굴하고 그 인재는 사회에서 자신을 드러내기 때문이다. 지금 중국은 AI를 중심으로 스마트 교육 공동체를 구축하고 있다.

04 핸드폰을 열면 바로 만나는 딥시크

손 안에서 AI 혁명이 일어나다

아침에 일어나 핸드폰을 바로 열면 딥시크를 마주하는 일상이 머지 않았다. 이렇게 자연스럽게 생성형 AI와 마주하는 라이프스타일을 바로 핸드폰 기업이 길을 만들고 있다.

"손바닥 위에 딥시크"라는 구호를 외치는 화웨이(华为), 오포(OPPO), 비보(vivo)가 바로 그 주인공이다.

지금 당신의 핸드폰은 어떤 용도로 쓰이는가? SNS 사용, 연락 기능으로만 사용되고 있지는 않은가. 그러나 곧 핸드폰 자체에 AI가 탑재되어 지능형 핸드폰으로써 삶의 효율성을 올리게 될 것이다. 흥미로운 점은, 지금 중국은 그 시대가 열렸다.

2024년 중국 스마트폰 출하량은 약 6억 9,700만 대를 기록했다. 시장 조사 기관 카운터포인트 리서치(Counterpoint Research) 보고에 따르면, 글로벌 스마트폰 시장에서 애플 1위, 화웨이 2위,

샤오미와 오포가 3위, 삼성전자가 4위인 것으로 밝혀졌다.

중국 현지 핸드폰 기업들의 움직임이 심상치 않다. 비보 핸드폰을 열면 'BlueLM X DeepSeek'가 보이며, 딥시크 R-1을 구동하라는 화면이 뜬다. 비보는 스마트, 편리성, 민첩성 기능의 장점을 내세웠다.

오포도 Find N5 모델에 딥시크 R-1을 도입했다. 더불어 오포의 운영 체제인 ColorOS에 딥시크 R-1을 연동하여 한 번의 클릭만으로 검색, 음성 대화 상호작용, 생성된 결과 공유 등을 내보냄으로써 핸드폰에 스마트한 역할을 부여했다. 오포의 50여 개 모델에 딥시크가 모두 지원된다.

그렇다면 실제 핸드폰 사용자들의 반응을 어떨까? 베이징 오포 매장 점원과 기자가 나눈 대화를 살펴보면, 최근 중국 젊은 층 고객들은 AI 어시스턴트와 같은 스마트 비서, AI 숙제 튜터링, AI 검색 기능을 살펴본다고 밝혔다.

샤오미도 딥시크를 도입했다. 샤오미의 AI 음성 비서인 '샤오아이(小爱)'에서 딥시크가 연동됨으로써 고차원의 스마트폰 기능을 경험할 수 있게 되었다. 딥시크 R-1으로 바로 접속할 수 있다.

더불어 화웨이가 출시한 롱야오(荣耀, Honor Mobile) 핸드폰에는 자체 개발한 YOYO 지능형 AI 에이전트에 딥시크가 동시에 탑재되었다. 핸드폰을 켜고 YOYO를 클릭한 후, YOYO AI 에이전트 선택과 함께 딥시크 R-1을 불러온 뒤 프롬프트를 입력하면 된다. 화웨이는 이미 오래전부터 AI를 연구해 왔다. YOYO AI 에이전트는 텍스트 작성, 번역, 문헌 요약, 여행 계획 등에 AI를 지원한다. 특별히 딥시크 연동 기능으로 효율적인 원스톱 문서를

생성할 수 있게 되었다. 외신에 따르면, 롱야오는 AI에 향후 5년
간 100억 달러(약 14조 원)를 투자한다는 소식이 들려온다.

이렇게 중국 안에서 핸드폰 기업의 경쟁도 AI를 탑재한 기능
을 자랑하며 점차 증가될 것으로 보인다. 이제 딥시크는 객관식
문제가 아니며 필연이 된 셈이다. 지금 중국의 핸드폰 기업은 모
두 AI 핸드폰을 향해 나아가고 있다. 우리 역시 긴장을 놓치지 말
고 경각심을 가져야 한다. 카운터포인트 리서치에 따르면, 2027
년 생성형 AI 콘텐츠(AIGC, AI-Generated Content)가 탑재된 스마
트폰 출하량은 5억 대를 넘을 것으로 전망하고 있다. 리서치 전
문 기관 IDC 역시 2025년 중국의 AI 핸드폰 출하량은 1억
1,800만 대에 달할 것으로 보며, 전체 시장의 약 40.7%를 차지
할 것으로 전망했다. 2025년 중국 정부 업무보고서에 '인공지능
핸드폰 대거 개발'이 명시가 되었고, 3,000억 위안(약 58조 원) 규
모의 정부 특별채권을 마련해 구형과 신형 교환을 지원하라는
방침이 있었다. 앞으로 스마트폰 시장에서 중국 AI 모델을 만나
는 일은 더 이상 어려운 일이 아닐 수 있다.

03

딥시크 플러스 +
세상의 모든 것은
생성형 AI와 연결된다

적전계(敵戰計) - 무중생유(無中生有)

"아무것도 없는 무의 상태에서 새로운 유를 창조하거나
존재하지 않는 것을 있는 것처럼 보이게 하여 상대를 속이는 전략"

01 딥시크 제국에 입성한 알리바바

알리바바가 딥시크와 전략적 동맹을 맺다

항저우는 두 개의 거대한 기업을 낳았다. 하나는 알리바바(阿里巴巴), 하나는 딥시크다. 알리바바가 없었다면, 지금의 딥시크도 없었을 것이란 말도 나온다.

딥시크는 알리바바, 텐센트, 징둥, 바이트댄스 등 중국을 대표하는 빅테크 기업들을 바짝 긴장하게 만들었다. 딥시크가 노를 젓고 있는 상태에서 중국 빅테크 기업은 무엇을 하고 있을까? 구체적으로 어떤 행동 전략을 취할까? 딥시크, 그들은 거센 물결을 일으켰고 나머지 중국의 대표 BAT(바이두, 알리바바, 텐센트)는 바다를 만들려고 한다. 나는 이것을 중국이 만든 'AI 해안선'이라고 부르고 싶다.

딥시크의 파동으로, 알리바바는 향후 3년간 AI 인프라에

3,800억 위안(약 75조 원) 규모의 거대한 자본을 투자하기로 밝혔다. 딥시크를 뛰어넘은 AI를 개발한다는 메시지로 유추해 볼 수 있겠다. 더불어 알리바바 클라우드 서비스이자 대형 언어 모델 서비스 플랫폼인 '바이리안(百炼)'도 딥시크 R-1 모델을 통합하여 AI 클라우드 컴퓨팅 인프라를 구축했다. 바이리안을 운영하는 알리바바 자회사 알리윈(阿里云) 홈페이지에 들어가면 "딥시크를 안정적으로 호출하고, 수백만 개의 토큰을 무료로 획득하세요!"라는 문구가 바로 보인다. 클릭 몇 번으로 대형 언어 모델 서비스를 바로 도입하여 사용할 수 있다. 100만 개의 무료 토큰을 체험판으로 제공하고 있다. 여기에는 저렴한 비용, 무료 체험판, 높은 가용성, 비즈니스 확장성, 유연한 배포 지원 기능을 포함한다. 바이리안에서는 총 3가지의 상품을 판매한다. 첫째, 클라우드 기반 MaaS(Model as a Service, 모델형 서비스) 플랫폼에서 딥시크 R-1 API(Application Programming Interface, 컴퓨터 프로그램 또는 앱이 서로 상호 작용하고 통신할 수 있도록 하는 프로토콜 또는 도구)를 호출하는 것으로, 배포 시간은 약 5분, 무료 토큰 100만 개를 사용할 수 있다. 두 번째는 중소기업 또는 대기업을 대상으로 클라우드 기반 PaaS(Platform as a Service, 플랫폼형 인프라) 플랫폼을 통해 딥시크 R-1 증류 모델을 호출하여 배포할 수 있다. 세 번째는 클라우드 인프라형 IaaS(Infrastructure as a Service, 서비스형 인프라)를 기반으로 딥시크 R-1 전체 버전을 배포하는 서비스를 제공한다. 가상 대형 언어 모델(VLLM, Virtual Large Language Model)의 추론 모델 프레임워크를 기반으로, GPU 기반 클라우드 서버에 딥시크 R-1 전체 버전을 호출한다.

그뿐만 아니다. 이제 알리바바 클라우드에서 누구나 손쉽게 AI 어시스턴트, 대형 언어 모델 기반 애플리케이션을 개발하여 AI 비즈니스를 실행할 수 있다. 알리바바가 개발한 기업 커뮤니케이션 툴 딩톡(DingTalk)에서도 AI 챗봇을 사용할 수 있게 되었다.

알리바바와 딥시크의 협력 모델은 기업에 더 나은 AI 인터페이스를 제공했다. 이는 기업의 개발 장벽을 최소화하고 '모델+컴퓨팅 파워+개발자' 생태계를 촉진시킨다. 이미 금융, 에너지 등 다양한 수직 분야에 활용되고 있다. 이러한 둘의 협력이 갖는 의미는 무엇일까? 바로 기술적 보완이다. 이를 통해 알리바바는 더 큰 기술적 파워를 갖게 된다.

알리바바의 딥시크 도입은 핵심 소비 플랫폼에도 적용되고 있다. 바로 알리바바는 중국 최대의 B2B 도매 거래 플랫폼인 1688에 딥시크를 연결했다. 이 도매 플랫폼에는 220여 개 국가, 1,400만 개 이상의 온라인 상점들이 입점해 있다. 이제 1688에 입점한 모든 상인들은 무료로 딥시크를 사용할 수 있다. 그들은 AI와 도매 서비스를 통합해 유통 비즈니스를 조금 더 세련된 방식으로서 DNA를 업그레이드하고자 한다.

02 딥시크 생태계를 품은 텐센트

AI 생태계를 연결하다

지금 중국 대기업은 보이지 않는 내부 각개 전투에 들어갔다. 딥시크는 오픈AI를 비롯한 전 세계 AI 기업에 위협과 기회의 메시지를 던졌고, 중국 내수 시장에서는 파트너 정신과 선의의 경쟁을 촉발시켰다. 여기에 중국을 대표하는 IT 기업 텐센트(腾讯, Tencent) 역시 가만히 있을 리 없었다. 2016년부터 텐센트는 '훈위안(腾讯混元)'이라는 대형 언어 모델을 자체 개발했다. 이 훈위안과 딥시크를 결합하여 탄생한 모델인 위안바오에서 또다시 업그레드된 퀵씽킹 훈위안 T1모델(混元T1模型)이 탄생했다. 이로써 수학적 추론, 프로그래밍, 장문 텍스트 처리 성능이 더욱 강화되었다.

그럼 텐센트가 만든 AI 모델은 딥시크와는 무엇이 다른가? 딥시크 R-1과 비교하여, 훈위안 터보 S는 즉각 답변하는 기능이 뛰어나다고 알려져 있다. 예를 들어, 딥시크 R-1과 훈위안 T1은 답변하기 전에 다소 긴 생각하는 과정이 소요된다. 하지만 훈위안 터보 S는 단어 발음 속도가 두 배로 빠르고, 첫 단어를 내뱉는 속도의 지연을 44% 줄인다고 한다. 텐센트 클라우드 API에서 훈위안 터보 S를 바로 호출할 수 있다. 또한, 훈위안 터보 S의 경쟁력인 '롱 씽킹(long thingking, 긴 사고 사슬)'은 추론 능력을 향상시켜 빠른 사고를 돕는 것으로 알려져 있다. 텐센트의 롱 씽킹 모델은 비용을 낮추고 강력한 데이터 융합 기능을 가지고 있다. 딥시크 API 비용의 절반도 안 되는 가격으로 제공한다.

딥시크는 텐센트의 인정을 받았다. 텐센트 회장 마화텅(馬化騰)은 2024년 재무보고 미디어 소통 회의에서 딥시크를 대외적으로 칭찬했다.

"오픈소스, 무료인 제품이 등장한 점을 존경합니다. 우리는 그 혜택을 받고 있어요. 이를 존중하고 받아들여야 하죠." 마화텅은 텐센트 위안바오에 딥시크를 적극적으로 결합시키겠다고 강한 의지를 나타냈다.

그렇다면 딥시크의 최대 수혜자는 누구일까? 중국의 수많은 다양한 기업이 있겠지만, 그중 텐센트가 아닐까 싶다. 지난 중관춘 포럼에 참가한 한 연사자는 중요한 말을 남겼다. "미래에 기업가와 투자자는 이렇게 질문해야 합니다. 기술이 대중화되면 가장 큰 수혜자는 누가 될 것인가?" 텐센트 클라우드에 따르면, 텐센트 클라우드 AI 코드 어시스턴트, 텐센트 위엔치(腾讯元器: 텐센트 훈위안 대형 언어 모델을 제공하는 스마트 개방형 플랫폼), 텐센트 지도 등 10개 이상의 제품이 모두 한 생태계에 연결되어 있다고 한다. 그 생태계 중심에는 AI가 작동하고 있다. 이러한 흐름이라면, 텐센트가 만드는 AI 세계가 딥시크를 능가할지도 모른다.

텐센트는 언제나 '연결'을 강조해 왔다. 텐센트를 중심으로 모든 것을 연결하겠다는 비전을 가지고 있다. 즉 자신의 비즈니스 생태계에 모든 산업과 기업들이 그물망처럼 연결되는 그림을 가지고 있다. 텐센트 위안바오, QQ 브라우저, 텐센트 Docs, 텐센트 지도 등 약 10개 이상의 서비스에도 이미 딥시크 R-1 도입을 발표했다. 딥시크가 텐센트 그물망에 들어간 격이다.

더 나아가, 텐센트는 기업용 위챗(微信公众号)도 딥시크 연동을 발표했는데, 이는 기업에 있어 새로운 AI 인터페이스를 구축할 수 있는 장점을 가져다준다. 약 1,200만 개 이상의 기업이 연결되어 있는 기업용 위챗은 최적화된 비즈니스 의사 결정을 기대할 수 있게 된다. 기업용 위챗에서는 딥시크, 훈위안 대형 언어 모델을 기반으로 한 스마트 챗봇을 손쉽게 만들 수 있다. 딥시크를 호출하여 고객 대응을 위한 내용을 생성할 수 있어 효율적인 고객 대응 및 관리가 가능해졌다. 대표적으로 내몽골 우란차브시(乌兰察布市)의 위챗 공식 법률 서비스에서 '스마트 퀵 상담'을 열었다. 스마트 퀵 상담은 딥시크와 연결되어 스마트 법률 자문을 제공한다. 이혼, 재산 분할, 중재, 계약 분쟁 등에 대한 최적화된 답변을 제공하는데, 대화 반응 속도는 24시간 기준 300% 빨라져 고객들에게 편리한 법률 상담을 지원한다.

향후 텐센트는 소셜미디어, 검색 엔진, 광고, 게임 등 다양한 사업 영역에 AI를 융합한 비즈니스 생태계로 나아갈 것이다. 대표적으로 텐센트 헬스는 텐센트 클라우드에 딥시크 모델을 결합하여 더욱 고도화된 의료 서비스 시나리오를 전개한다. 스마트 상담, 건강 Q&A, 약물 복용, 증상 자가 검사, 보고서 해석 등 의료 서비스 경험을 기대할 수 있다. 금융 기술 플랫폼인 텐센트 웰스 매니지먼트에서도 딥시크가 연동되어 더욱 개인화된 금융 서비스를 경험할 수 있게 되었다.

텐센트는 딥시크를 자유자재로 사용하고 있다. 기존에 단단한 생태계를 구축해 왔기 때문에 딥시크를 유연하게 적용하고 있는 대표적인 기업 중 하나이다. 물론 여기에는 텐센트의 자체 개발 대형 언어 모델, 다양한 사업 포트폴리오에 AI가 결합된 풍부한 비즈니스 시나리오 등이 큰 자원으로 받쳐 주고 있다.

앞으로 누가 딥시크와 최상의 시너지 효과를 낼지 중국의 AI 잔치가 더욱 기대된다.

03 AI 비즈니스로 반전한 중국 3대 통신사

딥시크가 신 비즈니스를 가져오다

중국 3대 통신 기업도 딥시크를 도입했다. 차이나텔레콤(中国电信), 차이나유니콤(中国联通), 차이나모바일(中国移动)이 그 주인공이다. 통신사들이 딥시크를 전개하는 방식은 핸드폰 통신 사업에 있지 않았다. 오히려 그 반대의 영역에서 AI 사업을 개척하고 있다.

차이나텔레콤은 딥시크를 연동하여 흥미로운 서비스를 출시했다. '딥시크+스마트 캠퍼스' 모델이다. 딥시크를 등에 업고 신비즈니스를 개척했다. 중국 후난성 창사시(湖南省长沙市)에 위치한 중난대학교(中南大学)와 협력으로 대학생들을 위한 '스마트 캠퍼스' 서비스를 제공한다. 차이나텔레콤은 대학 캠퍼스의 스마트 두뇌 역할을 한다. 학생들은 스마트하고 효율적인 시스템 안에서 수업 정보 문의, 빠른 연구 자료 확보 등 편리한 학교 생활이 가능해졌다. 차이나텔레콤은 중난 대학교뿐만이 아니라, 쓰촨대학교에도 위와 같은 인공지능 캠퍼스 경험을 제공한다. 학교 차원에서는 시대에 맞게 캠퍼스의 체질을 개선하고, 학생 입장에서는 시간을 절약함으로써 학업 및 연구에 집중할 수 있게 된다.

이 배경에는 AI에 관한 차이나텔레콤의 연구 정신이 뒷받침되었다. 바로 차이나텔레콤에서 출범한 인공지능 연구소인 텔레 AI(Tele AI 语义)이다. 2024년 5월 상하이에 설립된 이 연구소에서는 AI 응용 시나리오 연구를 집중적으로 하고 있다. 중국의 30개 사투리를 인식하고 지원하는 사투리 음성 인식 대규모 모델을 개발했다. 더불어 'AI Flow'라는 지능형 인프라를 개발함으로써 통신, 네트워크, 인공지능을 통합한 아키텍처를 선보였다.

차이나모바일도 딥시크를 도입하여 디지털 전환 사업을 구축하는 데 움직임을 보였다. 산둥 모바일은 딥시크 모델을 기반으로 대학을 위한 '클라우드+네트워크+맞춤형 빅모델+스마트 애플리케이션' 통합 솔루션을 만들었다. 대표적으로 산둥 제일의과대학이 산둥 모바일과 함께 딥시크 기반의 교육+AI를 추진하기로 했다.

그뿐만 아니다. 장쑤 모바일은 딥시크를 가지고 의료계까지 진출했다. 장쑤 모바일은 의료, 교육, 행정 등 다양한 분야에 AI 기술을 넣고 있다. 여기에는 단순히 서버 비용을 받는 시스템이 아닌, 인프라, AI 비즈니스 시나리오 구현, 생태계 구축까지 AI 비즈니스를 위한 원스톱 프로세스를 지원한다. 더욱이 놀라운 것은 단 7일 만에 딥시크 비즈니스에 상륙했다는 점이다. 그 비결은 무엇일까? 이 비하인드에는 자체 AI 모델 연구 및 개발이 뒷받침해 준다. 그들은 독자적으로 일명 '즈위 모델'을 개발했다고 말한다. 그리고 여기에 딥시크를 얹혔다. 의료 기록 생성 시간이 20분에서 단 몇 분으로 단축, 환자와 원활한 의사소통으로 '병원 +디지털 혁신'을 구현했다.

차이나모바일은 난징에 지능형 컴퓨팅 센터를 운영하고 있다. 이는 각 지역에 위치한 기업, 공공기관, 연구기관이 AI 모델을 도입하는 데 중요한 허브 역할을 한다. 무엇보다 딥시크는 컴퓨팅 비용을 줄이고 추론 속도를 올리고 있어 클라이언트 기업에게 안정적인 서비스를 공급할 수 있게 되었다. 이를 기반으로 차이나모바일 역시 '스마트 의료' 비즈니스 모델을 개발하여 병원을 대상으로 새로운 의료 비즈니스를 전개하고 있다.

딥시크의 흐름을 타고 중국 국유 통신사들이 활력을 얻고 있다. 중국의 통신사는 지역에 위치한 컴퓨팅 센터를 거점으로 삼아, 딥시크가 결합된 AI 비즈니스 모델을 지원한다. 후베이 모바일도 AI 컴퓨팅 파워 서비스를 제공함으로써 AI 인프라 구축을 지원하고 있다. 이는 각 지역을 기반으로 AI 클러스터를 형성하도록 촉진시킨다. 그리고 보다 유연하고 탄력적인 운영이 가능할 수 있도록 시스템을 지원한다.

현재 차이나모바일의 경우, 베이징, 텐진, 허베이, 장강삼각주, 광둥성, 청두, 충칭, 헤이룽장 등 12곳에 지능형 컴퓨팅 센터를 세웠다.

이제 통신사도 AI를 사용해 완전히 새로운 비즈니스 가치를 창출할 수 있다는 가능성을 제시한다. 무엇보다 딥시크는 산업의 경계를 허물고 다양한 관점에서의 산업 융합 혁신의 불을 지피고 있었다. 흥미로운 점은 왜 국유기업이자 통신사로 알려진 이 기업들은 완전히 새로운 AI 산업에 뛰어들었을까? 더불어 왜 자체 AI 모델 연구에 돌입했을까? 질문하지 않을 수 없다.

저장 모바일도 원저우 의과대학 제2부속 병원에 AI 건강관리 서비스를 도입시켰다. 의료 기록 생성, 신체검사 보고서, AI 의료 어시스턴트 등 일련의 스마트 의료 프로세스를 의료 전문 기업이 아닌, 모바일 통신사가 한다니 말이다. 그것도 우수한 비즈니스 성과를 이루어 내고 있다. 딥시크의 파괴적 혁신은 이제 비즈니스 현장에서 실질적인 성과를 내고 있다.

이제 중국의 모바일 기업은 딥시크 V-1부터 R-1까지 아우르는 모바일 클라우드 실현 단계까지 올라섰다. 여기에 딥시크 에디션을 출시하며, 의료와 금융과 같이 높은 보안을 요구하는 산업에 올인원 머신까지 만들었다.

그렇게 딥시크는 산업을 넘나들며 AI 융합을 선도하면 기업들이 새로운 비즈니스로 진출할 수 있는 촉매제 역할을 하고 있다.

04 미래 병원을 실현하는 중국의 AI 헬스케어

딥시크가 의료 현장을 해결하다

중국 내에는 불균형한 의료 공급과 수요 구조가 존재한다. 2020년 기준, 중국의 의사 수는 약 408만 6,000명으로, 인구 1천 명당 의사 수는 2.9명에 불과하였다고 한다. 이는 OECD 평균 의사 수인 3.4명에 비하여 부족한 현실이다. 여기에 중국은 이미 60세 인구 비중이 20%를 초과한 '중등도 고령화 사회'에 진입하였다. 고령화 문제와 이를 대비해야 하는 의료 및 헬스케어 영역 역시 정부와 기업의 중요한 과제이다. 현 상황에서 희망의 줄기는 바로 기술, 인공지능이 해답이 될 수 있다.

중국의 병원 풍경이 변화되고 있다. 의사, 간호사, 환자, 보호자 간의 커뮤니케이션 방법은 점점 스마트화되어 간다. 상하이의 AI 메타 브레인 생태계 서밋에서 '홍투 딥시크(Hongtu DeepSeek)'가 주목을 받았는데 응급실, 소아과, 영상과, 종양학과, 호흡기,

내분비과 등 20개 이상의 AI 알고리즘 모델이 있어 질병 분석부터 맞춤형 의료 혜택을 제공한다.

베이징 소재의 병원들 역시 딥시크를 점진적으로 도입하여 의료 생태계를 변화시키고 있다. 과연 중국의 의료 시스템은 어떻게 딥시크를 병원 서비스에 연동시켜 치료적 혜택과 가치를 창출하고 있을까?

대표적으로 베이징 우의병원, 베이징 칭화창궁 기념병원, 베이징대학 제3병원 등을 중심으로 의료 AI 시스템이 빠르게 퍼져나가고 있다. 물론 중국 내에서도 의사를 대체할 수 있다는 방향으로 흘러가는 것은 아니다. 다만, 딥시크로 효율적인 병원 업무 시스템이 재편되고 정교한 관리를 함으로써 환자의 병원 서비스 경험의 질을 향상시키고 있다.

중국 우한병원의 일상이다. A 환자가 병원 위챗 공식 계정을 통해 진료 예약을 한다. 그리고 그의 핸드폰에 알림이 하나가 떴다.

"무엇을 도와드릴까요?" 이제 A 환자는 스마트 챗봇에 증상을 이야기하며 상담을 시작한다. AI 챗봇은 그의 증상을 바탕으로 의료 기록을 자동 생성한다. 우한 중앙병원이 딥시크 R-1 모델을 도입해 만든 스마트 사전 상담 서비스다. 이 시스템은 대화를 기록하여 의사가 참고할 수 있도록 의료 기록을 생성한다. 대기 시간이 20분에서 5분으로 단축되었다.

그뿐만이 아니다. 병원에서 딥시크의 활용은 여기까지 확장되었다. 병원 검사실에서는 딥시크 R-1을 호출하는 시스템이 내장되어 AI 기반의 진단 제안, 약물 제안, 보고서 해석 등 기능을 제

공한다. 사람이 실수할 수 있는 편향적 해석을 줄여 시간을 40%
절약한다고 알려져 있다. 온라인 의료 비서 역할을 해 준다. 하지
만 어디까지나 의사 결정을 위한 참조용이다.

저장성에서는 '트래픽+인터넷+AI' 새로운 의료 모델을 내세웠
다. 이는 멀리 시골에 있는 환자들에게도 도시에서 그대로 도시
에서 누릴 수 있는 의료 경험을 제공하겠다는 것이다.

중국은 딥시크를 통해 국내 의료 수요와 공급의 불균형, 건강정
보 문해력, 농촌과 도시 간의 의료 불평등 문제 등을 해결할 것이
다. 중국은 AI를 통해 인류 건강을 위한 솔루션을 모색할 것이다.

그렇다면 AI를 적용한 의료 기기는 정부에 허가를 받을 수 있을
까? 이미 그 움직임이 보인다. 물론 복잡하고 쉽지 않은 절차가 있
겠지만, 2024년 기준으로 40개가 넘는 AI 의료 기기가 NMPA(중
국 국가약품감독관리국) 허가를 받았다. 국내 기업 중 메디컬아이피
(MEDICAL IP)가 유일하게 NMPA의 의료 기기 인증을 받고 베이징
협화의학원(PUMC) 병원에 '딥캐치(DeepCatch, 딥캐치는 AI 신체구성지표
를 기반으로 한 건강 상태 평가)' 서비스를 공급했다고 한다.

중국 빅테크 기업들도 헬스케어 사업에 딥시크를 적용하여 건
강 비서를 지원하고 나섰다. 만약 인간의 생명을 다루고 최상의
컨디션을 관리해 줄 수 있으며, 질병이 예측 가능하다면 어떨까?
텐센트 헬스는 AI로 이 문제를 해결하기 위해 뛰어들었다. 텐센
트 훈위안에 딥시크를 연동해 의료 경험을 개선한다. 여기에는

기본적으로 스마트 안내, 사전 상담, 건강 Q&A, 스마트 약물 복용, 자가 검사, 영상 보고서의 해석이 포함된다. 텐센트 클라우드는 훈위안에 딥시크를 결합한 업그레이드 버전을 통해 중국 전국 병원에 스마트 의료 서비스 플랫폼 구축에 속도를 내고 있다.

지금 중국은 AI가 임상 진단까지 하는 흐름 가운데 있다. 대표적으로 AI 임상 어시스턴트는 임상의에게 병력 수집, 질병 예측, 치료 계획 제안, 약물 안전 모니터링을 지원하여 환자 경험을 향상시킨다.

생성형 AI로 건강 문해력을 해결하기도 한다. 예를 들어, 중국 농촌의 의료 인프라 결핍을 해소하며 동시에 건강 정보 문해력을 해결한다. 더불어 AI를 활용한 스마트 제약 제조를 통해 제약 산업의 더 혁신적인 개발을 지원한다. 이뿐만이 아니다. AI+중의학으로 중국 전통 의학을 계승한다는 방침이다.

동지대학 부속 병원인 상하이 제4 인민병원에서는 딥시크를 활용하기 시작했다. 예를 들어, 병원 정보 시스템과 디지털 진료 기록 시스템 등에 적용하여 데이터를 실시간으로 전송받고 공유하는 통합 헬스 레코드 시스템을 실현하였다. 즉 이러한 중국 병원의 딥시크 도입은 비단 스마트 병력 진단과 검사 분야에만 활용되고 있을 뿐만 아니라, 중국 내 의료 인력의 결핍을 해결한다. 2025년부터 2029년까지 중국 AI 스마트 진단 및 치료 제품의 누적 시장 규모는 200억 위안(약 4조 원)에 달할 것으로 추산한다.

신체검사에 도입하다

신체검사 기업으로 알려진 산전(山鎭)은 자체 개발 AI 시스템인 '산타이잉'에 딥시크를 결합함으로써 신체검사 데이터 처리 능력 210% 증가, 검진 보고 정확도 95%에 달한 결과를 발표했다. AI 결과 보고서는 각 개인에게 맞는 맞춤형 신체검사 패키지를 추천한다. 과거에는 신체검사 보고서 하나를 작성하기 위해 다양한 부서에서 에너지와 리소스를 투입했는데, 이제는 시간을 절약하고 동시에 효율적인 업무를 처리할 수 있게 되었다. 산전의 창업자이자 CEO 우홍싱은 이를 'AI 수퍼 닥터'라고 불렀다. 한때 보수적였던 중국 의사들도 딥시크를 공부하고 있다. 더불어 임상 전문가들은 "우리도 AI를 받아들여야 한다."라고 말하며 의료계의 분위기도 점차 변화되고 있다.

최근 바이두에서 올라온 딥시크가 한 생명을 구했다는 기사를 보았다. 딥시크가 한 82세 환자의 신우암 수술을 도왔다는 소식이 화제가 되었다. 딥시크가 복잡한 혈관의 위치를 실시간으로 찾아 출혈 문제를 줄여 주고 합병증 리스크도 예측하여 위험 관리를 도와주었다고 전했다. 이 결과 성공적인 수술을 했다고 하는데 이는 다소 AI에 대해 보수적인 입장을 보였던 중국 의사들도 AI 지원의 가능성에 고개를 끄덕였다고 한다.

2025년 2월 기준, 중국 내 약 100개 병원이 딥시크 및 AI 모델을 의료 의사 결정 프로세스에 활용한다고 밝혔다. 2024년부터 중국 국가위생건강위원회에서는 의료 서비스와 1차 공중보건 분야에서 'AI 플러스(AI +)'에 관한 활용 시나리오를 84건이나 발표할 정도로 중국은 디지털 헬스케어를 눈여겨보고 있다.

선전, AI 의료 인증 도시로 거듭나다

선전(深圳)시는 인공지능 선구 도시이다. 선전 소재의 베이징대학 선전 병원에서는 5초 이내 진단, 1분 이내 의료 기록 작성이 가능하다. 그뿐만 아니라 질문에 즉시 답하는 중환자 치료 지식 "백과사전"으로 환자의 걱정을 덜어 주고 있다. 선전 위생위원회의 예비 통계에 따르면, 이러한 의료 AI는 약 450개에 달한다고 한다. 여기에는 임상 의료 서비스용, 병원 관리용, 공공 보건 관리용, 과학 연구 지원용 등이 포함된다. 중국에서는 앞으로 3년 내에 의료에 AI가 깊숙이 침투할 것으로 전망하고 있다. 2028년 중국 AI 의료 산업 규모는 1,598억 위안(약 31조 원)으로, 건강과 생명 바이오 산업에 AI가 주요 솔루션으로 자리잡는 일은 더 이상 미래가 아니다. 예를 들어, 스마트 진료 및 진단, 스마트 건강 관리, 스마트 공중 보건 관리, 의료 로봇 등이 포함된다. 딥시크를 기반으로 예방, 진단, 치료, 재활을 지원하는 풀체인 스마트 헬스케어 서비스는 머지않아 중국인들의 웰니스 라이프에 혁신을 가할 것이다.

중국의 고령화를 AI가 해결하다

중국이 직면한 문제 중 하나는 '고령화'이다. 중국 정부의 과업이기도 하다. 이제 자녀를 낳으면 혜택을 준다. 이렇게 저출산과 고령화 문제로 인해 중국의 젊은 노동층 인구 수가 감소하고 있는 추세이다. 중국은 고령화 문제를 위해 어떠한 준비를 하고 있을까?

아직까지는 노인층에게 즐거운 라이프스타일을 재밌게 해 줄 용도로 쓰이고 있다. 노인 문화센터에서 AI로 태극권을 생성하여 태극권 루틴을 찾는 프로그램을 제공한다. 딥시크는 단지 기업 경영, 비즈니스 생존에만 머무르지 않고 서서히 중국 실버층에게 휴식을 주는 도구로 사용되고 있다. 이제 어쩌면 광장무(广场舞)에서 춤을 추는 모습도, 태극권도 딥시크가 더 재밌게 즐길 수 있도록 안내해 줄지도 모른다.

한때 'AI가 알려준 정보를 약국에 가서 약을 처방받을 수 있을까요?'라는 질문이 바이두에서 논쟁이 되기도 했었다. 그만큼 앞으로 중국 의료계에서도 이에 대한 적극적인 논의가 이루어질 것으로 보인다. 여기에 대해서 인본주의적 보살핌이 중요하다는 의견도 제시되고 있다. 그럼에도 불구하고 중국 의료계는 딥시크를 경계하는 것이 아닌, 윤리를 지켜가며 병원 프로세스를 딥시크로 변혁을 가하고 있다.

딥시크는 중국 노인들의 삶의 질(QOL)을 향상하는 데 사용된다. 딥시크를 연동한 헬스케어 AI 비즈니스는 중국 실버 산업에 포함되는 요양 케어, 치매 예방, 만성 질환 관리, 시니어 웰니스 등에 개입될 것이다. 바로 스마트 노인 케어이다. 외로운 독거 노인을 위해 말벗이 되어 줄 수도 있다.

더불어 딥시크가 탑재된 휴머노이드 로봇이 거동이 불편한 노인들을 위한 생활 서비스 파트너가 되는 장면을 상상해 볼 수 있다. 예를 들어, 선전에서 탄생한 유비텍(UBTECH)은 배송 로봇, 보행 보조 로봇, 인지 기능을 돕는 미세압 산소 캡슐 등 스마트 요양 시스템을 만들고 있다.

05 모든 자동차에 탑재하는 AI

중국의 스마트 자동차, 달리는 지능이 되다

자율주행 자동차의 미래를 논할 때 AI를 빼놓고 말하지 않을 수 없다.

2025년 기준 중국의 자율주행 자동차 시장 규모는 1조 위안(약 193조 원)으로 예상한다. 그런데 여기에 인공지능이 붙게 되면 약 350배 상승한다고 한다. 따라서 350억 위안(약 6조 8,000억 원) 규모가 더욱 증가할 것으로 전망한다.

아직까지 딥시크와 자율주행 자동차는 탐색의 단계이다. 그러나 자동차 업계도 모두가 누리는 딥시크 잔치를 가만히 보고만 있을 수는 없다. 동펑자동차(东风汽车) 역시 동판 나노와 딥시크를 연결했다. 동펑은 AI 자동차를 단순한 운전 차량으로 보지 않았다. 그들은 AI 자율주행 자동차를 단순히 운전의 자동화로 제한 두지 않았다. 여행 파트너, 동행자, 문제 해결자로서 자동차의 역할을 확장시켜 보았다.

사용자와 대화, 경로 계획, 주변 지리 정보 검색, 지식 검색으로 역할이 확대되며 차량을 조종사, 항해사로 비유하였다. 중국에서는 자동차의 정의가 이동 수단을 넘어, 라이프스타일 플랫폼의 개념으로 변화하고 있다.

중국 로컬 자동차 기업들도 딥시크 도입에 대한 의사 결정을 미루지 않았다. AI와 자동차의 만남은 효율성 증대, 품질 향상, 자동차 기능과 인터랙션을 통한 운전자의 만족도를 올리기 때문이다.

컨슈머 리포트(Consumer Report)에 따르면, 2025년 2월 22일 기준으로 약 20개의 자동차 기업이 딥시크를 탑재하겠다고 선언했다. 아직은 완성된 딥시크 기반의 AI 스마트 자동차가 보이지는 않지만, 많은 기업이 필요성을 절실히 체감하고 있다.

지리(吉利), 체리(chery), 창안(长安), 상하이자동차(SAIC), 동펑(东风), 바오쥔(宝骏), FAW-폭스바겐은 딥시크를 도입한다고 나섰다. BYD(비야디), 상하이자동차, 창안 등 중국 자동차 기업도 연달아 딥시크와의 기술 통합으로 AI 모빌리티 솔루션을 가속화하고 있다.

지리 자동차는 Star Rui 모델과 딥시크 R-1 모델을 통합한 솔루션을 차량 제어 및 상호작용 등 모델 증류 훈련에 사용할 계획이라고 밝혔다. 동펑자동차 역시 M-Hero 917 SUV 차량에 딥시크 R-1을 도입했다. 이제 딥시크는 주행, 제어, 데이터 관리 측면에서 효율적이고 지능적인 경험을 제공하게 된다.

그렇다면 딥시크는 자율주행에 어떤 수혜를 가져다줄까? 글로벌 데이터 연구기관인 테크 인사이트(Tech Insight) 보고서에 따르면, 생성형 AI와 자율주행은 차량 경험을 개선할 것이라고 보았다.

중국의 신에너지 자동차 브랜드인 란투 모터스(岚图知音)는 딥시크 R-1 모델을 도입하여 AI 실시간 정보 검색, AI 채팅 등 스마트한 상호작용 경험을 탑재한 '지능형 자동차'를 선보일 예정이라고 밝혔다. 예를 들어, AI 지능형 에이전트 기능으로 스마트한 운전 경험을 제공한다. 란투 모터스의 CEO 루팡(卢放)은 이제 차량과 운전자의 관계는 마치 친구와 대화하는 관계로 발전했다고 말했다. 운전자와 자동차에 대한 운전 경험이 서로가 이해하고 반응하는 관계로 확장되고 있음을 의미한다.

BYD는 딥시크 도입을 공식 발표했다. BYD에 탑재된 딥시크는 차량의 두뇌 역할처럼 자율 주행의 판단과 추론을 담당할 것이다. 대표적으로 BYD의 고급 스마트 주행 시스템인 'Eye of God(天神之神, 신의 눈)'에서 의사결정을 지원한다. 회장 왕촨푸(王传福)는 BYD의 모든 모델에는 신의 눈이 탑재되어 있다고 말하며, 중국이 글로벌 스마트 주행 혁신의 새로운 서사를 써 내려가며 선도하고 있다고 말했다. 신의 눈은 BYD가 자체 개발한 스마트 주행 시스템을 가리키며, 모든 사람을 위한 스마트 주행의 대중화 달성을 목표로 한다. BYD에 탑재된 AI 스마트 음성 역시 딥시크 R-1을 기반으로 구동된다. 향후 BYD는 약 140억 달러(약 20조 원)를 자동차 인공지능에 투자할 것이라고 밝혔다. 그들이 그리는 'AI + 자율주행 자동차 및 전기자동차'의 시대의 서막이 열리고 있다.

이제는 차량에 AI 비서가 한 명씩 같이 탑승하는 장면을 기대할 수 있다. 그 시간은 그리 멀지 않았다. 이처럼 중국의 자동차 산업도 AI를 중심으로 운전 경험이 새롭게 재편되며 자율주행 자동차의 선도적인 역할을 앞당기고 있다. 특별히 피지컬 AI가 자동차 산업에 활발하게 적용되고 있다. 피지컬 AI는 자동차 제조 현장에 투입되어 모든 생산 공정을 자동화하고 있다. 더 나아가, 자동차 스스로가 상황을 인식하고 판단할 수 있는 지능형 주체로 변모하고 있다. 딥시크는 교통 체증이 있을 때 이를 미리 예측하여 효율적인 운전을 제안한다. 또한, 차량 환경을 인식하여 운전자에 맞는 운전을 가이드한다.

딥시크의 손이 닿지 않은 곳이 없을 정도이다.

06 클라우드와 연결된 딥시크

중국, 클라우드 황금시대를 맞이하다

딥시크와 함께 동반 성장한 주인공은 누구일까? 중국의 클라우드 산업을 빼놓을 수 없다. 딥시크가 출현하자마자 발 빠르게 움직인 주체는 클라우드 기업이었고 딥시크 도입을 공식적으로 선포했다. AI를 담아내 줄 그릇의 역할을 클라우드가 하기 때문이다. 딥시크는 톡톡한 효자 노릇을 하고 있다. 중국의 클라우드 시장 규모는 2027년까지 2조 1,000억 위안(약 400조 원)에 이를 것으로 전망한다. 여기에 딥시크가 클라우드 산업에 불을 지피며, 2030년까지 중국 클라우드 시장은 5조 위안(약 966조 원) 이상까지 성장할 것으로 전망한다.

현재 중국의 클라우드 산업 전체는 이른바 딥시크 기반 AI 클라우드로 재편되고 있는 중이다.

중국의 대표적인 클라우드 기업 모두 딥시크를 적용한 AI 클라우드 모델을 공개했다. 바이두, 화웨이, 징둥, 알리바바, 텐센트 등이 연달아 딥시크 시리즈 모델을 출시했다. 이를 보고 중국에서는 딥시크를 '거인의 어깨 위에 올라탔다'고 표현하고 있다.

특별히 딥시크는 클라우드 기업이 비용 효율적으로 사업을 운영할 수 있는 입구를 만들어 주었다. 저비용 고효율 성능으로 몇 배 이상의 품질을 보장할 수 있기 때문에 클라우드 기업들로 하여금 사업 확장의 기회를 촉진시켰다고 볼 수 있다.

징둥 클라우드(JD Cloud)가 등장하다 - 징둥원

먼저 징둥 클라우드(京東云)를 살펴보자. 전자상거래 기업으로 익히 알고 있는 징둥은 약 200만 개 이상 기업에 클라우드 서비스를 제공하고 있다. 징둥은 딥시크 R-1 모델을 결합한 클라우드 통합 머신을 판매한다. 여기에는 컴퓨팅 파워, 추론 가속, 애플리케이션 개발 등 풀 스택 솔루션을 포함한다.

이렇게 개발된 징둥 클라우드는 기업과 기관에서만 사용될 뿐만 아니라 지방정부에도 제공된다. 이미 허페이, 허난, 장쑤, 산둥, 광시 등 여러 지역 지방정부에 딥시크가 탑재된 징둥 클라우드를 제공한다.

이렇게 징둥의 하드웨어 인프라, 클라우드와 딥시크의 대형 언어 모델이 협력하여 AI 도입 장벽을 낮출뿐만 아니라, 산업 전반에 AI 운영 체계를 확산시키고 있다.

화웨이 클라우드(Huawei Ascend Cloud)가 떠오르다 - 어센드

    화웨이 어센드 클라우드 역시 딥시크 R-1과 딥시크 V-3 모델을 도입했다. 화웨이는 어센드 클라우드를 통해 효율적인 비용으로 AI 컴퓨팅을 지원하고, 동시에 안정적이며 최적화된 클라우드 체인을 제공한다. 딥시크의 멀티 헤드 어텐션(MLA) 데이터 크기를 64분의 1 수준으로 줄여 메모리 사용을 축소한다. 어센드 910B는 딥시크 모델에 고성능 연산 능력을 제공하여 성능 대비 비용 효율을 35% 향상시키며, 추론에 소모되는 에너지를 줄이는 것으로 알려져 있다.

    최근 화웨이 클라우드는 고밀도, 고속도, 고효율을 내세운 클라우드 매트릭스 384(Cloud Matrix 384) 수퍼 노드를 출시하며 딥시크 및 무려 160개 이상의 타사 대형 언어 모델까지 탑재한 업그레이드 성능을 자랑했다. 화웨이의 목표도 분명하다. '어센드 올인원 머신 + 에이전트 + 딥시크' 공식을 바탕으로, AI 생태계에 확실하게 자리매김하고자 한다. 2025년 3월 항저우에서 열린 '어센드 AI 개발자 혁신의 날 저장 스테이션' 행사에서 딥시크 X 어센드 올인원 머신 출시를 알렸는데, 딥시크의 추론 최적화 기술을 기반으로 어센드는 UI 프로세스 자동화, 자연어 상호작용, 다중 모드 의사 결정을 지원한다.

바이두 클라우드(Baidu Cloud)가 나타나다 – 첸판

바이두에게는 스마트 클라우드 대형 언어 모델 플랫폼 '첸판(千帆)'이 있다. 첸판에 딥시크가 결합된 바이두의 클라우드 올인원 머신이 AI 원스톱 솔루션을 제공한다. 이들은 에이전트, 검색 기반 생성(Retrieval-Augmented Generation), 워크 플로우(work flow), UI 빌더(UI Builder)의 기능을 지원한다. 그렇다면 이렇게 완성된 통합 플랫폼은 어디에 사용되고 있을까? 대표적인 사례를 보자. 첸판 딥시크 올인원 모델은 인사 채용 분야에 사용되고 있었다. 중국의 대표적인 채용 플랫폼 완마요우차이(万码优才)는 이력서 분석, 개인 직무 매칭, 경력 개발을 위한 커리어 추천 등을 제공함으로써 구직자와 기업 서로가 만족할 수 있는 최적의 채용 경험을 제공한다. 그 밖에도 바이두 클라우드는 이미 금융, 에너지, 교육, 의료, 미디어, 도시 등에 사용되고 있다. 이렇게 바이두의 스마트 클라우드 플랫폼은 최근 '지적재산권 + AI 콘텐츠 에이전트(IP + AIGC)' 전략도 구축한다는 이야기가 있다. 첸판 플랫폼은 딥시크 R-1 모델을 도입함으로써 IP 기반 콘텐츠 생산성을 약 60%까지 향상시킬 수 있었다고 한다. 신속하고 개인화된 맞춤 콘텐츠 제작이 가능해졌다.

알리바바가 부상하다 - 알리윈

알리바바의 대표 클라우드인 알리윈(阿里云)도 지지 않을세라 바로 도입하였다. 바로 큐원(Qwen)이 빠르게 그 뒤를 쫓고 있다. 큐원은 AI 클라우드 플랫폼이다. 여기에 새로운 추론 모델인 통이첸원(通义千问)이 큐원의 능력을 강화시킨다. 통이첸원은 코딩 보조, 스마트 고객 서비스, 건강 어시스턴트, 법률 자문, 투자 연구 어시스턴트, 맞춤형 캐릭터 생성 플랫폼 등 산업에 모델을 제공하고 있다. 통이첸원은 중국의 공식 대형 언어 모델 표준 적합성 평가에서 평가를 통과한 중국 대형 모델 중 하나이며, 통이첸원의 큐원-72B(Qwen-72B) 모델은 글로벌 오픈소스 대규모 모델 커뮤니티 허깅 페이스(Hugging Face)에서 1위를 차지한 바 있다.

알리바바 클라우드는 '플랫폼형 인프라(PaaS) + 서비스형 인프라(IaaS) + 딥시크 + 알리바바 자체 AI 모델'로 클라우드 모델 공식을 성립하였다. 알리바바도 AI 클라우드 시장의 최고가 되길 원한다. 딥시크를 품지만 그들만의 클라우드 작품으로서 더욱 원대한 자체적인 AI 클라우드로 성장하는 것이 목표이다.

위에 소개된 중국 클라우드 대기업은 이제 한 번의 클릭만으로 추론부터 배포까지 원하는 유연한 AI 시스템을 구현할 수 있다고 말한다. 그래서 이제는 가격 경쟁이 예고되었다. 이러한 AI 클라우드 전쟁은 궁극적으로 중국의 컴퓨팅 파워 기술이 발전되는 윤활유 역할을 한다. 이로써 그들의 AI 인프라는 더욱 단단한 건설을 하게 된다.

딥시크의 영향력은 중국 내부에서 더 큰 역동을 불러일으켰다. 외부에서는 중국과 미국 그리고 다른 국가들과의 경쟁이 시작된 것 같지만, 실질적으로는 중국 내수 시장 안에서도 보이지 않는 경쟁이 심화되고 있기 때문이다. 하지만 이는 어떤 면에서 AI 산업 생태계를 선의의 경쟁으로 촉진시키는 발화점이 되었다고도 볼 수 있다.

딥시크는 AI를 처리하고 저장하고 운영하도록 지원하는 핵심 역할인 클라우드 기업에게는 절호의 기회였고 반가운 소식이 틀림없었다. 이제 딥시크와 딥시크를 연동한 클라우드 기업은 한 배를 탄 셈이다. 앞으로 그들은 서로 협력하여 중국 AI 산업 사슬 전체에 조화로운 발전을 일으킬 것으로 예상된다. 딥시크, 그들은 AI계의 허브가 되었다.

딥시크와 꽌시
딥시크는 꽌시 속으로 들어갔다

적전계(敵戰計) - 암도진창(暗渡陳倉)

"겉으로는 특정 행동을 하는 척하면서
실제로는 다른 행동을 취하는 전략"

01 딥시크 플러스 생태계

딥시크, AI 뒤에 무엇이든 상상하고 연결하라

생성형 AI 뒤에 무엇이든 붙을 수 있다면, 무엇을 결합하여 만들길 원하는가?

현재 중국의 각 산업에서는 딥시크 뒤에 자신들의 비즈니스를 붙여 새로운 AI 비즈니스 모델을 통한 기회 창출에 나섰다. 이를 이해하기 위해서는, 먼저 중국의 'AI 플러스(AI +)' 정책을 알아두면 좋다. AI 플러스의 드라이브를 밟은 운전자는 중국 중앙정부이다.

2025년 양회(两会, 매년 5년마다 열리는 중국의 연례 정치행사 회의로, 양회 내용들은 당 중앙위원회에 전달된다)에서 AI 플러스 정책에 관한 방향성을 발표했는데, 중국 정부의 AI 전략이 업그레이드되었다. 과거 중국 정부는 해당 정책에 대하여 '발전 격려(鼓励发展)'라는 표현을 사용했다. 즉 활성화하고 장려적인 차원이 강했다. 그러나 지금은 '시스템 배치(系统布局)'로 바뀌었다. 무슨 의미일까? 국가와 기업 간의 구체적인 행동 계획을 전략적으로 준비하고 곳곳에 시스템을 설치하겠다는 방침이다.

2025년 3월 양회가 열렸던 현장의 목소리를 들어보자. 양회는 그 어느 때보다 긴장과 기대가 공존했을 것이다. 왜냐하면 딥시크의 등장이 세계적으로 큰 진동을 울렸기 때문이다. 양회에서도 인공지능을 1에서 10까지 더욱 가속화하자는 분위기였다. 인공지능 발전을 우선순위로 삼아 새로운 성장 동력을 끌어내며 경제 성장을 견인하는 것에 한 목소리로 단합이 되었다.

'AI 플러스 행동'은 기존 전통 산업에 AI를 융합하여 제로 투 원(Zero to One)을 만드는 것이다. 따라서 플러스 뒤에는 무엇이든 붙을 수 있다. 상상하는 만큼 말이다. 딥시크가 제로 투 원을 만들었고, 나머지 기업들은 이제 딥시크 1에서 10을 만드는 단계에 접어들었다.

딥시크 + 의료, 딥시크 + 콘텐츠, 딥시크 + 로봇공학, 딥시크 + 자동차, 딥시크 + 제조 등 AI와 기존 산업이 결합되어 산업 업그레이드뿐만 아니라 독창적이고 강력한 사용자 경험을 불러일으킬 수 있다. 지금 중국 기업들은 그 자산을 만들고 축적하고 있다. 더불어 곧 미래의 부를 독점할 수 있는 주도권을 가질 수 있기 때문이다.

현 시점에서, 중국 정부가 제시한 AI 플러스는 딥시크 플러스(DeepSeek +)로 해석할 수 있겠다. 정부는 앞장 서서 기업과 각 기관들에 적극적인 딥시크 연동을 장려한다. 하지만 이는 단순히 분위기를 잡는 것으로 끝나지 않고, 분위기를 잡는 것으로 끝나지 않고, 딥시크를 다양한 환경과 시스템에 안착시킬 수 있도록 견인한다. 바로 이것이 앞서 말한, 발전 격려를 넘어선 시스템 배치이다. 국유기업, 지방정부, 민영기업, 대학 및 연구기관 등 모두가 AI 생태계 파트너로서 참여의 대상이 되었다. 정부가 조준한 방침에 따라서 모두 새로운 혁신 기회를 잡기 위해 딥시크 플러스에 동참했다. 지금 딥시크를 중심으로 중국의 거대한 AI 생태계가 만들어지고 있는 중이다.

중국 인터넷 데이터센터(IDC)에 따르면, 2028년까지 중국의 AI 총 투자액은 1,000억 달러(약 138조 원)를 돌파할 것으로 전망되며, 5년간 연평균 성장률은 35.2%에 달할 것으로 예상한다. 이 중 2028년에는 생성형 AI 투자 비중이 30.6%에 도달할 것으로 예상되며, 투자 규모는 300억 달러(약 41조 원)를 넘을 것으로 내다보고 있다.

중국의 딥시크 플러스는 모든 산업에 시드 자본이 되고, 모두가 그 시드 자본을 가지고 기술 혁신 및 시장과 연결하여 AI 맵을 그리는 것이다.

딥시크는 보험업계에도 진출했다. 신화보험(新华保险), 인민보험(人民保险), 태평양런소우보험(太平洋人寿保险) 등 보험 기관도 딥시크를 도입했다. 신화보험은 딥시크 R-1과 V3가 결합된 신화e가 애플리케이션에서 개인 AI 비서 서비스를 제공한다.

02 디지털 정부의 출현

중국 허난성의 성도인 정저우(郑州)에서 열린 지방정부의 새해 맞이 첫 회의 모습이다.

"스마트 정부, 책임 있는 정부, 법치 정부를 건설하는 데 주력하고, 딥시크와 같은 대형 언어 모델의 도입을 가속화할 뿐만 아니라, 정부 서비스에 AI 기술을 완전히 도입해야 합니다."

2025년 2월 이후 중국 동부, 중부, 서부, 남부, 북동부 지역의 72개 성(省)의 시(市) 정부에서 딥시크를 도입했다. 각 도시는 공공관리, 도시 거버넌스, 행정 처리, 정부 서비스 등에 딥시크를 통합하여 스마트 디지털 정부를 하나 세우게 된 셈이다. 딥시크는 지방정부에 기술적 도구 그 이상의 가치를 부여한다. 오히려 둘의 관계는 이상적인 협력 관계에 가깝다.

중국의 12345 정부 핫라인, 딥시크로 연결하다

　지금 중국은 대표 행정 공공 서비스인 '12345' 정부 핫라인에 딥시크를 대거 연결시켰다. 헤이룽장(黑龙江省)에서도 행정 서비스에 딥시크 구축을 완료하고 스마트 민원 처리 서비스를 제공한다. 해당 서비스는 사람들이 민원 처리를 원하는 부서에 정확하게 매칭을 도우며, 요청한 내용을 사람보다 빠르고 완전하게 처리할 수 있다. 현재 딥시크는 중국 정부의 업무 프로세스에 백엔드로 연결되어 데이터를 통합함으로써 AI 기반의 디지털 정부 시스템을 구축하고 있다. 과거 수동적인 처리 중심의 정부 환경은 데이터에 기반하여 예측 가능하게 대응하는 체계로 전환되고 있다.

　딥시크는 지방정부에 혁신적이고 개방적인 커뮤니케이션 다리 역할이 되어 주었다. 이 덕분에, 딥시크 + 12345 정부 서비스는 24시간 중단 없이 운영되며 지방정부는 새로운 AI 인프라와 세련된 방식으로 시민들과 커뮤니케이션을 개선할 수 있게 된다.

난징 정부에 AI 어시스턴트가 도입되다

난징 정부 역시 딥시크 R-1이 결합된 화웨이 클라우드 스택
(Stack : 클라우드를 구축하기 위한 오픈소스 클라우드 컴퓨팅 소프트웨어 플랫폼)
을 도입하여, '난징+딥시크' 모델이 적용된 난징 정부의 AI 애플
리케이션을 출시하였다. 이를 통해 유연한 행정 업무 처리, 지식
베이스 역할을 도모함으로써 정부 AI 원스톱 플랫폼이 되었다.

이제 지방 정부는 데이터를 기반으로 의사 결정을 할 수 있게
되었다. 특히 스마트 거버넌스를 구축함으로써 중국 중앙정부와
지방정부는 더욱 강력한 권한을 가지게 되었다. 디지털 정부의
시작은 관리자들이 딥시크 교육을 받는 것으로부터 시작한다. 여
기에 중국 현급(县级市, 행정구역 단위의 현급시)의 관리자들도 예외는
아니다. 각 정부 관계자에게 필수 과목은 바로 딥시크의 원리와
사용법, 응용 시나리오를 구축하는 것에 대한 공부다.

2022년 국무원에서 '디지털 정부 건설 강화에 관한 지도 의견'
을 발표하며 건설 방안을 마련하기 시작했다. 중국 사이버 공간
관리국에서 발표한 '디지털 중국 발전 보고서'는 중국 31개 성(자
치구, 직할시)의 디지털 정부의 발전 수준을 평가한다.

선전에서는 스마트 시티와 선전 디지털 정부에 관한 계획을 발
표했다. 선전 푸텐구에서는 공식적인 AI 직원이 70명에 이른다
고 밝혔다.

지금 중국의 디지털 정부는 다양한 영역에서 중요한 역할을 담당한다. 대표적으로 스마트 정부 핫라인(12345), 원스톱 행정 서비스, 데이터 기반 의사 결정, 도시 관리, 법률 지원, 문서 생성, 스마트 정책 등 서비스를 지원하고 있다.

03 국유기업이 딥시크와 손잡는 진짜 이유

지방정부 기술 혁신에 드라이브를 걸다

중국 국유기업에서 딥시크 인재를 우대한다는 공지가 떴다. 중국 중앙정부 혹은 지방정부 소유인 국유기업은 딥시크의 중요한 클라이언트다. 이는 국유기업의 사업 분야를 막론할 것 없이 통신, 교육, 철도, 에너지 등 다양한 분야에 적용된다. 현재 20개 이상의 국유기업이 딥시크를 도입한 것으로 알려져 있다.

그렇다면 국유기업이 민영기업인 딥시크를 도입함으로써 그리는 그림을 무엇일까? 국유 자본의 딥시크 생태계 진입은 국가적 차원에서 '공공-민간' AI 협력 모델을 본격화하는 신호를 뜻한다.

우선 대표적인 활용 사례를 살펴보자.

중국의 대표적인 에너지 국유기업인 중국전력(中国电力)은 딥시크를 전력 분배, 에너지 관리에 적용하여 실시간으로 전력망 데이터를 관리하고 분석한다. 이를 기반으로 전력 수요 피크를 예측, 전력 자원 최적화 배분 등을 통해 에너지 소비량을 줄이는 데 사용하고 있다.

그밖에도 중국의 대표 석유 국유기업인 중국석유(中国石油 CNPC)에서도 석유와 가스 자원을 정확하게 찾아내는 데 이용되고 있다. 국유 은행에서는 거래 과정을 식별하고, 재무 위험 예방, 개인화된 금융 서비스, 스마트 투자 자문 서비스를 제공한다.

국유기업과 딥시크의 협력에는 기본적으로 'AI + 특별 행동 (AI+专项行动)' 정책 방침이 깔려 있다. 국무원에서 추진하는 'AI + 특별 행동'의 주요 목표는 국가 컴퓨팅, 기술 혁신, AI 시나리오 강화에 초점을 두며, 에너지, 금융, 법률 등 약 400개 이상의 산업을 포함한 인공지능 산업 발전을 가속화하는 것이다. 그뿐만 아니라 인재 발굴과 양성을 위한 독창적 혁신을 임파워링하는 것도 포함한다.

그렇다면 국유기업은 딥시크를 어떻게 적용하고 있을까?

첫째, 실물 경제와 AI를 통합하였다. 예를 들어, 대표적인 국유기업인 차이나텔레콤(China Telecom)은 체계적으로 AI + 모델을 추진하고 있다. 그뿐만 아니라 앞서 말한 3대 통신사(차이나텔레콤, 차이나모바일, 차이나유니콤)가 딥시크를 결합하여 대학교에 AI 교육 사업을 펼치고 있는 행보를 보면 알 수 있었다. 국유기업은 자신들의 비즈니스에 신속히 딥시크를 도입한 뒤, 준비된 영업망을 통해 인공지능 사업에 착수한다.

두 번째, 국유기업은 컴퓨팅 자원 확보와 AI 시스템 구축을 가속화하고 있다.

그들은 딥시크를 결합한 AI 컴퓨팅 인프라를 자신들의 중요한 자원으로 삼고 있다. 그리고 여기에는 국유기업의 독립적인 플랫폼 개발도 한몫하게 된다. 차이나텔레콤은 자체 컴퓨팅 플랫폼인 '시란'을 개발하기도 했다. 시란 플랫폼은 차이나텔레콤의 클라우드인 텐이 클라우드(天翼云)에서 개발된 것으로, 중국 전국의 컴퓨팅 파워 플러그인, 컴퓨팅 파워 게이트, 컴퓨팅 파워 네트워크 세 가지 요소를 중심으로 컴퓨팅 시스템을 연결한다. 사용자들은 강력한 보안, 안정적이며 고속도의 클라우드 서비스를 경험할 수 있게 된다. 텐이 클라우드는 이미 자체 개발한 대형 언어 모델까지 겸비하고 있다. 바로 '싱천 대형 언어 모델(星辰大模型)'이다. 차이나텔레콤은 국유기업의 파워가 무엇인지 보여 주고 있다. 바로 컴퓨팅 파워, 데이터, 플랫폼을 결합한 일체화된 서비스 모델로서 말이다. 그들은 시란 모델을 기반으로, 영상 생성 모델까지 만들었는데, 이 모델은 영상 생성 모델 평가를 위한 종합 벤치마크인 브이벤치(Vbench)에서 이미지 안정성, 의미적 일관성, 시각적 스타일, 공간적 장면 평가 영역에서 높은 점수로 1위를 차지할 정도였다고 한다.

국유기업이야말로 딥시크 잔치에 가장 활기가 넘치는 시간을 보내고 있지 않을까 싶다. 그들은 기업 자체적인 모델 연구뿐만 아니라, 딥시크를 결합한 다양한 비즈니스 응용 시나리오를 만들고 있기 때문이다. 그래서 더욱 개방적인 태도로 AI 생태계 구축에 적극적으로 참여한다. 이렇게 딥시크와 같은 AI 민영기업과 국유기업의 협력은 더욱 큰 경제 시너지 효과를 만들 것이다. 국유기업의 인공지능 발전 계획안에는 인공지능 개발뿐만 아니라, 스타트업 육성까지도 포함한다.

지금 딥시크와 국유기업은 서로가 서로에게 도움을 주는 이상적인 파트너가 되었다. 무엇보다 이 둘은 중국 내수 시장의 활성화를 돕는 두 개의 경제 주축 역할을 담당하고 있기 때문이다. 하나의 날개는 민영기업이, 하나의 날개는 국유기업이 말이다.

04 AI는 국가의 미래 전략

중국 AI의 미래, 민영기업에 있다

"앞으로 지속해서 민영기업을 지원하겠습니다.
(我是一贯支持民营企业的)"

민영기업 심포지엄에서 시진핑 주석의 연설 중 한 장면이다. '좋은 비는 계절을 알고, 봄에 내립니다.(好雨知时节, 当春乃发生)' 이 시로 민영기업 심포지엄의 의미를 비유하기도 했다. 그의 앞에는 민영기업의 CEO들이 앉아 있었다. 사실 2022년도부터 중국은 국가 전략에 민영기업을 전면적으로 내세웠다. 제20차 전국대회 보고서에서는 민영 경제의 발전과 성장을 촉진할 것을 제안하며, 일시적인 조치가 아닌 장기적인 전략이라고 발표했다. 더불어 '신공공 파트너십론' 이야기가 나오기도 했다. 이는 정부와 국유기업, 민영기업 등 모두가 공동의 목표를 바라보고 전략적 협업을 모색함을 의미한다. 특별히 혁신 기술을 개발하고 시장에 빠르게 상용화하는 민영기업을 경제 시스템의 중요한 공동 파트너로 보았다.

딥시크는 AI 비즈니스를 이끌고 있는 민영기업의 성장 가능성을 예고했다. 딥시크 및 수많은 테크 기반의 민영기업들은 중국 중앙정부의 거버넌스와 연결되며 네트워킹으로 이어진다.

민영기업 심포지엄은 '기술 혁신'과 '가치 실현' 정신에 부합한 AI와 첨단 산업의 중요성을 인식하는 자리였다고 볼 수 있다. 이번 민영기업 심포지엄에서 량원펑은 앞줄에 앉았다고 한다. 그의 옆에는 아이플라이텍(iFLYTEK, 科大讯飞) 대표 류칭펑(刘庆峰)이 앉았다. 이는 중국 정부가 그들에게 경제 활성화를 위한 일종의 책임을 부여했다는 점을 의미한다.

딥시크는 중국의 민영기업이 중국 현지시장에서 출발하여 글로벌 기술 표준을 주도할 수 있다는 전형적인 사례가 되었다.

다국적 기업도 중국 AI 산업에 협력자로서 참여할 수 있다. 지난 2025년 3월 28일 '중요 참여자'라는 타이틀을 걸고, 시진핑 주석과 다국적 기업이 회담을 가졌다. 왜 시진핑 주석은 삼성, SK, 메르세데스 벤츠, 페덱스, 아람코, 블랙스톤 등 다국적 기업 40명의 CEO를 불렀을까? 중국에 투자하여 함께 발전하기를 바란다는 뜻을 전달했다. 당시 현장에서는 "나무에 달린 복숭아를 주면, 옥을 보답으로 주겠다(投我以木桃, 报之以琼瑶)"라는 중국 속담을 인용했다. 즉 다주주의를 기반으로 다국적 기업의 참여를 독려하는 것이다. 더불어 현재 미국과 중국이 관세 전쟁의 불을 지핀 시점에서, 다국적 기업을 중국의 생태계 안에 유지하고자 하는 손짓이기도 하다.

중국은 더욱 거침없이 개방을 가할 것이다. 개방의 의미는 "중국과 함께 걷는 것이야 말로 기회를 함께 걷는 것이고, 중국을 믿는 것은 미래를 믿는 것, 중국에 투자하는 것은 미래에 투자하는 것이다."라는 시진핑 주석이 다국적 기업 CEO들에게 건넨 말을 보면, 중국이 가는 길에 동참하라는 것이다. 그렇다면 글로벌 기업의 입장은 어떨까? 중국에 있는 미국 상공회의소 보고서에 따르면, 설문 조사에 참여한 미국 기업의 53%가 2025년까지 중국에 대한 투자를 늘릴 것으로 예상한다고 밝혔다. 이제 중국 시장에 진출하는 외국계 기업들은 AI 등 첨단 기술을 앞세운 현지 기업들과 기술 경쟁을 하거나 협력적 파트너십을 해야 할 국면에 놓여 있다.

다국적 기업에 열린 개방은 협력적 파트너십을 중심으로 파트너사 양자 간에 기술 지원, 자원 분배, 수익 달성 등 입체적인 파트너 공동체를 의미한다.

민영기업, 다국적 기업에 대한 개방과 소통은 중국의 경제 분위기가 새로운 단계에 접어들었다는 시그널이기도 하다.

딥시크의 성공은 중국의 수많은 AI 민영기업에 활력을 불어넣었다. 민영기업들의 해외 진출이 가속화될 것으로 예상된다. 이는 중국 기업이 매우 빠른 속도로 AI, 로보틱스 등 자국의 첨단 기술 혁신 모델을 전 세계 무대에서 확장화하는 사례가 될 것이다.

딥시크로 인해 일반 민영기업들은 운영 방식과 비즈니스 모델을 다시 보기 시작했다. 제품과 서비스에 AI를 시스템화하여 비즈니스 판 자체에 변혁을 가하는 방법에 접근을 하고 있다.

딥시크로 인해 이런 강연도 열리기도 했다. 푸저우 민영기업 상공회의소는 '기업의 기회 포착을 위한 역량 강화-딥시크 AI 실전 응용 공개 강연'이라는 주제로, 회사의 미래를 바꿀 수 있는 운명의 키는 AI라는 점을 서로 논의하고 강조했다. 본 강연에서 소개된 한 의류 회사는 AI 디자인 시스템 도입 후, 교정 주기를 7일에서 4시간으로 단축했고, 주문량은 300% 증가했다는 이야기를 나누었다. 따라서 딥시크는 객관식 문제가 아닌 반드시 대답해야 하는 문제로 비유하며 AI와 함께 가는 기업의 생존 법칙을 강조했다.

중국의 혁신 기업들이 파생시킨 AI 경제적 가치는 1조 위안(약 193조 원)에 달한다. 상하이 증권거래소에 등록된 민영기업의 총 시장 가치는 약 14조 위안(약 2,700조 원)에 달한다. 그중 시가총액이 1,000억 위안(약 19조 원)이 넘는 기업도 존재한다.

05 부를 전환하고 자본을 축적한 딥시크

중국, AI 다이아몬드 심장을 캐내기 위한
행동 작전은 이미 시작되었다

중국 AI 기업들은 파괴적 혁신을 목표로 자본, 기술, 자원, 접근성 등을 재설계하고 있다. 새로운 기술 질서를 만들고 있다. 단순히 AI 기술 개발을 넘어, 생태계 전체 구조를 다시 짜고 있는 행위에 가깝다.

부의 대전환은 자본의 전환을 의미한다. 현재 딥시크는 톡톡히 기술 자본 역할을 하고 있다. 지금 중국에서는 여전히 잔치가 진행 중이다. 잔치의 분위기는 중국에서 직접 해냈다는 데 의미가 있다. 중국이 부의 굴기를 이루기 위해 사용한 전략 '자주적 혁신'을 꼽을 수 있겠다. 자주적 혁신에는 기업의 독립 혁신, 국가의 독립 혁신이 포함된다. 중국이 국가적으로 기술 연구 개발을 위해 인재 발굴 및 양성, 연구를 위한 재정 지원, 인프라 건설에 총력을 다하는 이유가 바로 자주적 혁신 때문이다. 그리고 딥시크가 보여준 성과 덕분에 자주적 혁신에 대한 견고한 믿음이 생겼다. 딥시크 등장은 글로벌 AI 산업 모델을 재편성했다. AI 반도체 칩, 운영체제, 개발도구, 클라우드, 인프라 등 전 계층을 아우르는 중국 고유의 독자적인 시스템을 만들어 냈다.

기술 혁명이 일어났을 때, 언제나 부의 몫은 빠른 속도로 깃발을 꽂는 자의 것이었다. 중국은 깃발을 꽂기 위해 매우 빠른 속도로 '사람'이라는 방법을 선택했다. 바로 인재 양성 환경과 시스템을 다져 나갔다. 덕분에 누구도 딥시크가 되는 것을 두려워하지 않고, 오히려 누구나 딥시크가 되는 것을 갈망하는 문화가 만들어지고 있다.

중국의 양자 컴퓨팅 기술의 관건은 연구, 국가 주도의 R&D가 핵심이다

중국은 어떻게 지속 가능한 AI 미래를 준비하고 있을까? 그들이 어느 분야에서 부를 축적하는지 알기 위해서는, 먼저 이것부터 알아야 한다. 중국 정부의 6대 미래 산업이다. 스마트 제조,

차세대 정보통신, 신소재, 신에너지, 우주/항공, 바이오. 여기에 가장 중점적으로 두는 분야는 양자 컴퓨팅 기술이다. 이는 생성형 AI, AGI 개발에 주요 엔진이 되는 기능을 한다. 중국은 AI의 진정한 주도권을 잡기 위해 양자 컴퓨팅 연구에도 박차를 가하고 있다. 이미 숫자로 그 실력을 입증했다.

2024년 기준 일본 닛케이(Nikkei)에 따르면 중국 양자 컴퓨팅 특허 건수는 5,544건으로 미국 806건에 비교하여 압도적으로 1위를 앞서고 있다. 기업의 특허 등록 순위를 살펴보면, 중국 오리진 퀀텀(本源量子, Origin Quantum)이 394건, 미국 IBM 379건, 중국 바이두 291건, 미국 구글 182건, 미국 마이크로소프트 176건 순으로 중국이 미국을 앞서고 있는 상태다.

중국 컨설팅 회사 CCID(赛迪顾问)에서는 2025년 중국 양자 컴퓨팅 산업 규모는 연간 30% 이상의 성장률을 유지할 것으로 전망하였다. 그렇다면 중국의 양자 컴퓨팅이 앞서고 있는 이유는 무엇일까? 그 원동력은 어디서 나올까? 핵심 엔진을 돌아가게 만드는 보이지 않는 힘은 바로 '정부'의 드라이브 덕분이다. 그리고 그 양옆에는 기업과 연구 및 산학 협력 기관들이 함께한다. 중국은 공동의 목표를 보고 단합하는 힘이 자발적으로 나오는 집단이다.

그 결과, 중국에서 나오는 우수한 독자적 양자 컴퓨팅을 주목해 볼만하다. 대표적으로 '번위안우쿵(本源悟空)'이다. 번위안우쿵에는 양자 컴퓨팅 암호화의 핵심인 양자내성암호(Post-Quantum Cryptography, PQC)를 적용한, 하이브리드 암호화 방식을 장착하였다. 이는 곧 양자컴퓨터가 일반화되더라도 해독이 어려운 차세대 보안 구조를 미리 적용했다는 의미이다. 미국의 기술 및 비즈니스 리서치 기관인 가트너(Gartner)에 따르면, 미래 양자 컴퓨팅의 보완 대비책으로 양자내성암호(PQC)와 양자 키 분배(QKD)를 언급했는데, 이미 번위안우쿵은 이를 적용하고 있다.

번위안우쿵은 항공우주, 금융, 전기, 대학 연구기관 등 여러 분야에 시범 적용을 이미 마친 상태다.

중국은 양자 컴퓨팅을 연구 단계에서 산업화 단계로 가야 한다는 분명한 설계도를 가지고 있었다. 양자 컴퓨팅 인재 양성, 국가급 컴퓨팅 파워 배치, 양자 컴퓨팅 생산 체인 구축 등이 포함된다. 더 나아가 중국은 광자 기반 양자 컴퓨팅의 궤도에 이미 올라섰다. 대표적으로 상하이에 위치한 투링량즈(图灵量子)라는 기업이 있다. 이들은 광자 양자 컴퓨팅 기술을 중심으로, 실온에서 작동하고 확장성이 뛰어난 차세대 연산 구조를 개발한다. 3D 집적 광자 칩과 비정형 레이저 직조 공정을 자체적으로 수행하는 설계, 양산 가능한 IDM(Integrated Device Manufacturer) 체계로 구현했다. 세계 최초로 양자내성 암호화 칩의 대량 생산에도 성공한 바 있다.

2025년 3월 29일 중관춘 포럼에서 '양자 컴퓨팅의 발전과 미래'를 주제로 중국 양자 기술 혁신 촉진을 위한 방법을 논의했다. 포럼에 참가한 중국 학자들은 양자 과학 분야의 인재 양성의 필요성과 산업의 잠재력에 대한 의견을 나누었다. 양자 산업을 위한 인재 생태계 구축과 지속적인 투자의 필요성을 강조했다. 이러한 분위기로 보아, 중국의 그다음 수는 AI 모델뿐만 아니라 반도체 칩, 클라우드 컴퓨팅, 양자 컴퓨팅에서 제2의 량원평이 나오지 않을까 감히 예상해 본다. 물론 시간이 걸리겠지만 중요한 건 중국의 시야가 그곳을 향해 있다는 것이다. 중국은 독자적 연구를 통한 지속 가능한 인재 확보와 빠른 상용화 체제를 구축하고 있다. 이를 위해 정부 차원에서 막대한 투자를 집행하고 있다. 2024년 한 해에만 중국 정부는 양자 컴퓨팅에 20억 달러(약 2조 8,000억 원)를 직접 투자했다. 지난 5년간 투자 금액은 22조 원에 달하며 이미 베이징, 상하이 등 주요 도시에 국가급 양자 컴퓨팅 실험실을 운영하고 있다. 하지만 아직 중국은 진정한 패를 보이지 않았다. 이는 그들이 말하는 도광양회(韜光養晦), 자신의 재능과 명성을 드러내지 않고 때를 기다린다는 외교 정책의 정신과 맞닿아 있다.

중국은 인공지능 주도권 전쟁 시대에 가장 큰 주목을 받고 있다. 딥시크의 출현은 단순한 기술 퍼포먼스가 아닌, 중국의 컴퓨팅 파워, 자국산 반도체 칩 개발 역량까지 재평가를 받았기 때문이다. 국제 사회는 중국을 다시 보기 시작했다. 중국은 딥시크와 수많은 AI 기업을 등에 업고 더 큰 생태계 확장에 나섰다. 그렇다면 중국이 축적하는 부의 힘, 자본의 패권을 가지는 힘은 어디서 나올까? 그들의 정신을 들여다봐야 한다.

첫 번째, 그에 대한 답은 지속적인 혁신 능력이다. 이 능력에는 원천 기술, 비즈니스 모델, 서비스 혁신, 생태계 연결을 포함한다. 이 모든 세부 요소는 일련의 견고한 산업 사슬과 연동되어 하나의 통합된 체계를 갖추게 된다. 이는 기술의 지속성, 방향성, 확장성이 맞물려 보다 전략적으로 기술과 산업의 주권을 확보한다.

두 번째, 최적화된 비즈니스 환경이다. 여기에는 AI 모델 개발, 클라우드 컴퓨팅, 응용 애플리케이션, 연구 및 개발을 위한 학교, 연구기관, 지자체, 스타트업, 중소기업, 대기업 모두가 참여하여 환경을 만들어 간다는 것이 특징이다.

세 번째, 원천 기술 강화이다. 차별화된 경쟁력을 확보하기 위해 핵심 기술을 꾸준히 연구한다. 그리고 지방정부, 산업계, 학계가 긴밀히 협력하며 깊이 관여하여 함께 만들어 간다.

06 중국이 넘어야 할 AI 윤리

왕관을 쓰려는 자 그 무게를 견뎌야 한다

중국인들은 누구보다 생성형 AI와 친숙하게 지내고 있다. AI의 열기가 만연한 사회적 분위기에서 한 가지 의식해야 할 부분이 있다면 AI 윤리의식일 것이다. 중국 젊은이들은 AI 윤리의식에 어떤 생각을 가지고 있을까? 중국 청년일보에서 진행한 AI 설문조사에 참여한 이들 중 52.3%는 제법 의식이 깨어 있었다. "AI 윤리와 개인정보 보호에 관심을 가지고 디지털 세계 보안 보호에 힘써야 한다."라는 의견을 가지고 있었다.

중국 AI 윤리는 어떨까? 중국 AI 기업 중 가장 먼저 AI 윤리 원칙을 제안한 사람은 바이두 창업자 로빈 리였다. 2018년 구이양 빅데이터 엑스포에서 그는 AI 기술에 모든 사람이 순응할 수 있는 공통된 개념과 규칙을 가져야 한다고 소신 발언을 했다. 여기서 그가 말한 AI의 원칙은 안정성과 제어 가능성이었다. 두 번째는 기술에 모두가 평등하게 접근해야 한다는 점이다. 세 번째는 AI가 사람을 대체하거나 능가하는 것이 아닌, 사람을 더욱 성장하도록 도와야 한다는 것이다. 네 번째는 자유와 가능성을 제공해 줘야 한다는 것이다.

민감한 정보와 데이터 보안에 대한 AI 윤리를 국제적인 사회 기준에서 어떻게 만들어 갈 것인지는 매우 중요하다. 중국 AI 기업들은 국제 사회와 공간할 수 있는 윤리 가이드 및 표준으로 다가가야 할 것이다. 우수한 기술로 공든 탑을 쌓고 윤리적인 이슈로 탑이 무너지는 일을 조심해야 한다.

우선 중국 정부가 지정한 AI 관련 법을 살펴보자. 대표적으로 '생성형 인공지능 서비스 관리 임시 조치'가 있다. 이는 2023년 중국 인터넷 공간 관리국 제12차 회의에서 발표한 것으로 과학기술부, 산업정보화부, 국가방송관리국의 승인을 받았다.

그 밖에도 함께 살펴봐야 할 지침들은 '생성형 인공지능 서비스 관리 잠정 방법'(生成式人工智能服务管理暂行办法)이 있다. 법 규정 중 "제6조에서는 생성형 인공지능 알고리즘, 프레임워크, 반도체 칩 및 소프트웨어 플랫폼 지원 등 지원 소프트웨어 플랫폼 등 기초 기술의 자주직 혁신을 징려하고, 평등하고 상호 이익이 되는 기반 위에서 국제 교류와 협력을 수행하며, 생성형 인공지능과 관련된 국제 규칙에 참여한다."라고 표기하였다. 국제 질서에 규칙을 따라야 한다고 했다는 점과 자주적 혁신을 장려한다는 두 가지가 눈에 들어온다.

2017년부터 중국은 AI 관련 법안을 제기해 왔지만, 딥시크를 비롯한 중국의 AI 플러스가 안정적으로 활성화되기 위해서는 글로벌 표준의 AI 법안이 필요할 것이다.

2025년 7월 상하이에서 열린 '세계인공지능대회(WAIC)'에서 중국의 AI 거버넌스 포부와 함께, 전 세계 AI의 중심지가 되겠다는 의지가 강조되었다. 이러한 흐름 속에서 중국에서도 AI 윤리는 주요 화두로 논의가 될 것이다.

CHAPTER 05

딥시크 넥스트 시나리오
C-AI: 중국 생성형 AI 넥스트 주인공

패전계(敗戰計) - 연환계(連環計)

"여러 계책을 연결하여 동시에 실행함으로써
상대가 그 의도를 정확히 파악하기 어렵게 만드는 전략"

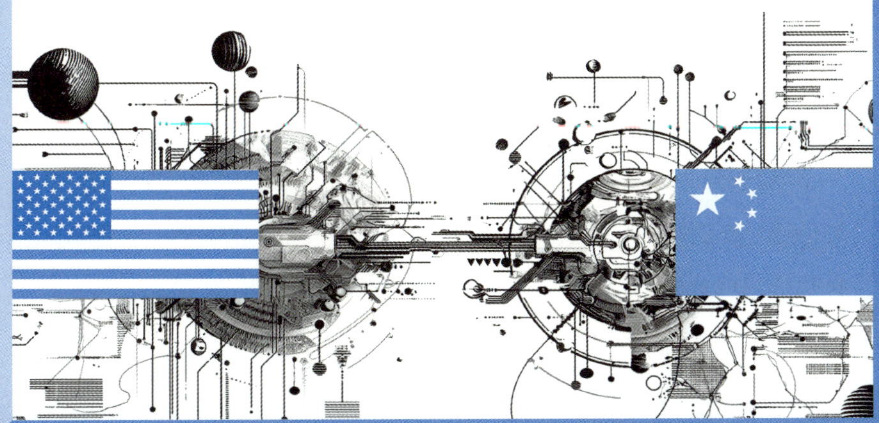

01 홍색 AI 군단, 중국 생성형 AI 유니콘 기업

중국 유니콘 기업 개발 보고서에 따르면, 2025년 기업 가치 10억 달러(약 1조 3,000억 원)의 유니콘 기업의 수는 409개에 달하는 것으로 보고되었다. 해당 기업들의 총 가치 규모는 1조 5,068억 달러(약 2,000조 원)에 달하며 반도체, 의약, 건강 등 다양한 산업을 아우른다.

더불어 초기 스타트업도 점진적으로 증가하고 있는 추세이다. 인공지능 스타트업들의 투자 현황은 어떨까? 스타트업 절반이 창업 3년 이내 투자를 유치한다. 그리고 그중 1년 이내에 설립된 스타트업은 27%를 차지한다. 딥시크와 같은 중국을 대표하는 인공지능 유니콘 기업은 누가 있을까? 중국을 대표하는 AI 4대 천황을 만나 보자.

키미 AI(KIMI AI), 200만 자 텍스트를 요약하다

키미 AI는 2023년 10월 베이징 문샷 테크놀로지(北京月之暗面科技有限公司)가 만든 AI 어시스턴트이다. 키미 AI는 세계 최초로 20

만 개의 중국어 문자 입력을 지원하는 특징으로 주목을 받았다. 대표적으로 장문 텍스트 요약 및 생성, 온라인 검색, 데이터 처리, 코드 작성, 사용자 상호 작용, 번역 등 6가지 주요 기능을 제공한다. 학술 연구, 시장 조사를 위한 데이터 처리에도 능하다. 키미팀의 핵심 멤버들은 구글 제미나이(Gemini), 구글 바드(Bard), 판구 NLP(Pangu NLP) 등 이미 대형 언어 모델 연구에 참여한 경험이 있다.

키미 역시 '키미 +'라는 AI 에이전트 플랫폼을 출시했다. PPT 제작, 이력서 작성, 번역 서비스를 통해 업무 효율성을 돕는다. 소셜미디어 게시글 작성, 논문, 에세이, 온라인 기사 작성을 지원하며 글쓰기 보조 역할을 해주기도 한다.

원신이옌(文心一言), 바이두의 대형 언어 모델

원신이옌은 바이두가 만든 차세대 지식 강화 대형 언어 모델을 기반으로 한 AI이다. 어니봇(ERNIE Bot)이라고도 부른다. 대화 상호작용, 질문 답변, 창작 지원 기능을 통해 정보와 지식에 도움을 받을 수 있는 점이 특징으로 언어 이해 능력이 뛰어나다. 더 나아가 원신이옌의 특징은 문학 창작, 카피라이터 작성, 수학적 사고 능력, 중국어 이해에 뛰어난 것으로 알려져 있다. 2020년 원신이

옌은 세계 인공지능대회(WAIC)에서 슈퍼 AI 리더상(Super AI Leader, SAIL)을 받았다. 바이두는 지난 20년 이상 인공지능에 관심을 기울이며 2010년부터 개발하기 시작했다. 이미 AI 풀 스택 레이아웃을 갖춘 기업의 역량을 갖추고 있다.

미니맥스(Minimax), 멀티모달 상호작용 AI 에이전트

미니맥스는 2021년도 설립된 대형 언어 모델을 개발하는 스타트업이다. 중국 최초의 선형 어텐션 아키텍처(Linear Attention Architecture)와 전문가 혼합(MoE)을 결합한 오픈소스 모델을 만들었다. 바로 'MiniMax-01'이다. 텍스트-비전, 텍스트-음성, 텍스트-텍스트 모델을 제공한다.

미니맥스는 뛰어난 비디오 창작을 선보인다. 그 외에도 텍스트, 음성 대형 언어 모델 분야에서도 뛰어난 생성형 AI 경험을 기대할 수 있다. 미니맥스는 독자적으로 대형 언어 모델 'ABAB'를 개발했다. 그밖에도 가상 채팅 소프트웨어 'Glow', 생성형 대화 AI 'Inspo'를 출시한 바 있다. 미니맥스도 딥시크 R-1 모델을 도입했다. 미니맥스는 자체 개발한 모델과 동시에 딥시크의 오픈소스를 적극적으로 활용한다.

즈푸 AI(智谱 AI), 국가가 키우는 AI 집단

2019년 칭화대학교 컴퓨터 공학 연구실에서 기술적 성과를 내며 탄생했다. 2024년 기준 기업 가치 28억 달러(약 3조 8,000억 원)에 달한다. 그들은 '기계가 인간처럼 생각하도록 가르치자'라는 사명을 가지고 시작했다. 대형 언어 모델을 연구하며, 수천억 개의 단어를 처리할 수 있는 GLM 대형 언어 모델 사전 학습 아키텍처를 개발했다. 최근에는 여기에 더 업그레이드된 'AutoGLM'을 개발하며 딥 리서치(Deep Research)와 운영 기능을 통합한 최초의 에이전트를 만들었다고 밝혔다. 즈푸는 MaaS 오픈 플랫폼에서 70만 개 이상의 기업 및 개발자를 지원한다. 즈푸 AI는 AI 에이전트 개발에 총력을 다하고 있다. 즈푸 AI는 코드긱스(CodeGeeX, AI가 개발을 도와주는 서비스), A 마이너(AMiner, AI가 과학 학술논문을 분석해 주는 플랫폼), 코코(CoCo, 기업을 위한 AI 도입 엔터프라이즈 서비스) 등 자체 대형 언어 모델을 기반으로 다양한 AI 서비스를 운영하고 있다. 최근 즈푸 CEO 장펑(张鹏)은 중관춘 포럼에서 2025년은 AI 에이전트의 폭발적 수요가 예상되는 해라며, 딥시크를 능가할 수 있는 포부를 보였다. 그는 AI 에이전트에 대하여 워크플로우 구축보다는 모델 연구에 중점을 두어야 한다고 말했다. 모델 역량이 곧 제품 역량임을 강조했다. 더불어 AI 응용 애플리케이션의 성공적인 제품화는 AI 모델로부터 나온다고 강조했다.

4대 AI 천왕 말고도 그 뒤를 잇는 후발주자들이 숨어 있다. 우리가 잘 아는 더우인(Tiktok)의 모회사 바이트댄스(字节跳动, ByteDance) 역시 생성형 AI 연구에 심혈을 기울이고 있다. 바이트댄스는 스카이라크(云雀, Skylark) 모델을 기반으로 도우바오라는 생성형 AI를 개발했다. 스카이라크는 바이트댄스가 독자적으로 개발한 1,300억 파라미터 규모의 대형 언어 모델이다. AI가 영상, 음성 콘텐츠를 자동으로 생성하는 에이전트 기능을 제공한다.

바이트댄스는 2016년부터 자연어 처리, 머신러닝, 데이터마이닝과 관련한 연구를 진행해 왔다. 우리가 흔히 아는 더우인은 단순히 크리에이터, 인플루언서들의 유명 숏폼 놀이터가 아니다. 도우바오는 스카이라크 대형 언어 모델을 기반으로 만든 AI 지능형 어시스턴트 플랫폼이다. 창작 도구, 대화형 어시스턴트 등을 제공하며 이미 바이트댄스 계열의 50개 이상의 서비스에 통합되어 사용되고 있다.

[한눈에 보는 중국 AI 유니콘 기업]

	기업명	대표 서비스	AI 적용 분야
베이징 문샷 테크놀로지		키미 AI	전문 학술 논문 번역, 법률 문제 분석 지원
바이두	文心一言	원신이옌	대화 상호작용, 질문 답변, 문학 창작 지원
미니맥스	MINIMAX	미니맥스	비디오, 이미지, 음성 콘텐츠 제작, 문서 작성
즈푸	智谱·AI	즈푸 AI	장문 텍스트 추출, 지식 습득 지원, R&D, 논문, 기술문서 정리

누가 생성형 AI 챗봇의
넥스트 오피니언 리더가 될 것인가

이들 중 과연 누가 중국의 킬러 AI 챗봇이 될 것인가. 중국 AI 기업들은 단순히 AI를 보조적인 도구 기능을 뛰어넘어, 뇌의 인지 역할 차원의 전략적 파트너가 되길 원한다.

Gen AI 데이터 보고서에 따르면, 전 세계 AI 챗봇 상위 15개 기업 중 6개가 중국 기업이었다. 미국 기업으로는 챗GPT, 제미나이(Gemini), 그록(Grok) 등이 있다. 중국 기업으로는 바이트댄스의 도우바오, 키미 AI, 텐센트 위안바오, 마누스, 바이두 원신이옌이 시장을 선점하고 있다. 알리바바의 큐원(Qwen)과 모니카(Monica)의 마누스가 해외에서 대표적으로 인지도가 있는 챗봇 중 하나이다.

중국 내 사용자 피드백을 살펴보면 흥미롭다. 키미 AI는 조수 같고, 딥시크는 지능적 파트너와 가깝다고 느꼈다고 한다. 중국 사용자들은 목적에 따라서 다양한 자국 AI를 사용한다. 그만큼 AI를 사용할 수 있는 선택지가 넓다. 예를 들어, 딥시크는 개발자를 위한 도구, 도우바오는 창의적인 콘텐츠 생성, 키미 AI는 생활 서비스 지원으로 사용된다.

여기에 IT 대기업 알리바바는 가만히 있지 않았다. 그들은 젊은 사용자들을 타깃으로 쿼크(Quark) 챗봇을 출시했다. 지능형 AI

어시스턴트 챗봇이다. 스마트 검색을 지원하고, 쿼크 클라우드 저장, 쿼크 스캐닝, 쿼크 학습, 쿼크 문서 등을 통해서 원스톱 경험을 제공한다. 사용자는 학습, 업무를 편리하게 처리할 수 있다. 쿼크는 알리바바 그룹의 전략적 혁신 육성 사업 중 하나이다. AI 검색, AI 어시스턴트, AI 도구 서비스 경험을 제공한다. 쿼크 AI 검색은 답변 제공의 단편적 커뮤니케이션을 넘어, 생각하고, 분석하며, 계획을 세울 수 있는 '딥 씽킹(Deep Thinking)을 출시했다. 쿼크의 마스코트 기능인 AI 검색은 사용자가 한 번의 클릭으로 창의적인 주제의 기사를 쓸 수 있고, AI 문서 요약, 비디오 콘텐츠 역시 한 번의 클릭만으로 요약, 마인드맵, PPT 생성이 가능하다.

지금 중국은 AI 모델 혁신부터 AI 응용 애플리케이션 시장 모두를 아우르는 생태계를 만들기 위해 멈추지 않고 플라이휠을 돌리고 있다. C-AI(China AI)가 글로벌 시장에서 핵심 기술력과 킬러 기능으로 약진하는 것은 시간 문제일 수 있다.

02 세계의 스마트 공장이 된 중국

피지컬 AI로 제조업의 미래를 다시 쓰다

중국은 다시 세계의 공장이 되었다. 제조업에 AI, 휴머노이드 로봇이 대거 들어가며 노동 집약적 체질을 빠른 속도로 바꾸고 있다. 이른바 중국 정부에서도 드라이브를 걸고 있는 '스마트 제조 혁신'이다. 2024년 정부의 '제조업 디지털 전환 3개년 행동 계획', '산업 인터넷 + 인공지능 통합 발전 지침'을 발표하며 제조업의 새로운 기술 시나리오를 쓰고자 한다.

2024년 기준 중국에는 약 45만 개 이상의 로봇 관련 기업들이 존재한다. 대부분이 피지컬 AI가 결합된 로봇 기술 기업이다. 이 로봇 제품들은 중국의 공장으로 들어가 모든 생산 환경과 시스템을 변화시킬 준비가 되었다.

피지컬 AI로 제조 혁신 패권을 노리다

중국이 그리는 AI 제조는 전 세계 공급망의 주도권을 가지는 것이다. 물론 중국 제조 2025는 제조와 인공지능을 결합하여 생산 효율성을 올리기 위함도 있다. 하지만 이는 궁극적으로 '관리 모델'에 혁신을 가한다. 중국이 제시하는 관리 모델의 핵심은 시스템과 연관성이 있다. 다시 말해, 중국의 제조 시스템에 AI 기술이 전반적으로 결합되며, 생산, 품질 관리, 공급망 관리를 지능형 자동화(Intelligent Automation)으로 변화시키는 것을 가리킨다. AI가 결합된 스마트팩토리로 자동화된 품질 검사와 공급망 관리가 가능해진다. 예를 들어, 생산 계획, 자원 분배, 주문 수요, 장비 상태, 생산 능력 컨트롤 등 모든 프로세스가 고도화된 스마트 제조 체계로 전환되는 것을 기대할 수 있다.

지금 중국은 '스마트 제조 인 차이나'로 향한다. 이는 중국 제조업의 업그레이드 버전이다. 여기서 말하는 스마트는 '지능적인 두뇌를 가진 생산 능력'을 가리킨다. 중국은 전통적이고 노동집약적인 제조 이미지를 벗어나 신시대에 걸맞은 혁신적인 이미지 변모에 박차를 가할 것이다. 여기에는 기술 혁신, 창의 혁신, 생태계 혁신적 사유가 기본적으로 깔린다. '중국 제조', 즉 메이드 인 차이나는 산업용/제조용 로봇이 주축이 되어 하이테크가 결합된 스마트 제조 대국으로 전환되고 있다. 체화 지능이 동원된 산업용 휴머노이드 로봇이 중국의 제조 산업 구조를 이미 변화시키고 있다. 인도, 베트남 등 넥스트 차이나로 제조 거점을 옮긴 기업들이 머지않아 중국으로 다시 생산기지를 옮기게 될 수도 있다. 이를 뒷받침해 줄 수 있는 움직임들이 포착되고 있다. 예를 들어, 베이징-텐진-허베이 스마트 제조 클러스터 연맹(京津冀智能制造装备产业联盟)이 대표적이다. 이 연맹에는 선전의 유비텍(UBTECH), 알리바바 클라우드 등 로보틱스 기업들이 참여하고 있다. 산학연의 긴밀한 협력을 기반으로 지능형 제조 생태계를 구축하여 제조 강국으로 재도약을 준비하고 있다.

2023년 중국에서 만든 서비스 로봇 생산량은 783만 3,000대, 3D 프린팅 장비 생산량은 278만 9,000대에 달하였다. 2025년을 기점으로 향후 중국 정부는 로봇을 강력하게 투입할 것이다. 여기에는 휴머노이드 로봇이 R&D, 제조 영역에 투입되어 생산성 경쟁력을 확보한다. 대표적으로 유비텍(UBTECH)의 산업용 휴머노이드 로봇에는 대형 언어 모델과 다중 모드 인식, 동작 제어 기능이 더해져 고차원적인 상황을 인식하게 된다. 이는 로봇이 생산 현장에서 다양한 작업을 수행할 수 있도록 돕는다. 그뿐만 아니라, 공장 전체의 데이터를 실시간으로 교환하는 통합 시스템까지 갖추고 있다.

그렇다면 실제 AI는 제조 현장에서 어떠한 변화를 불러일으키고 있을까? 칭클라우드(QingCloud) AI 컴퓨팅 플랫폼의 이야기다. 딥시크와 자체적으로 개발한 컴퓨팅 기술을 결합하였다. 품질 관리 업그레이드, 공급망 관리, 생산 공정 최적화 등 불량률을 정확하게 식별할 수 있다고 한다. 그뿐만 아니라 AI 제조 시스템은 생산 공정 최적화, 품질 관리 업그레이드, 공급망 관리에도 최적화된 환경을 뒷받침한다. 그들 말에 의하면, 예를 들어 한 유리 공장에서는 고속 카메라로 제품 이미지를 촬영하여 플랫폼에 업로드할 수 있다고 한다. 딥러닝 알고리즘을 사용하여 이미지를 분석하고 외관 결함과 치수 편차와 같은 품질 문제를 빠르고 정확하게 식별하여 불량률을 35%까지 줄일 수 있다고 한다.

중국의 AI 로봇 개발 시장 규모가 커지고 각 산업에 특화된 휴머노이드 로봇들이 증가하면서, 중국의 AI 제조업은 결국 세계 최고의 스마트 디지털 제조 산업을 만들 것이다. 중국 국무원, 차세대 AI 발전 계획에 따르면, 2025년 중국 AI 전략 목표로는 산업 업그레이드, 경제 모델 전환, 스마트 제조, 스마트 의료, 스마트 도시 등 AI 응용 분야를 포함한다. 여기에 스마트 제조는 중국 정부의 미래 행동 강령 중 하나이다. 실물 경제와 피지컬 AI, 로봇 공학의 융합 및 발전을 적극적으로 도모하겠다는 강력한 비전이다.

03 중국 AI 2030

기술 독립과 자주 혁신으로 생태계를 선점하다

지금 딥시크는 중국 자국 내 대형 언어 모델 연구를 하는 모델 전쟁에서, AI를 실물 경제와 융합한 '시나리오 전쟁'으로 확장되고 있다. 다시 말해 기술 차원의 경쟁이 아닌, 누가 딥시크를 사용하여 어떤 응용된 비즈니스 시나리오를 만드는지에 관한 일들이 중국 내부에서는 선의의 경쟁처럼 벌어지고 있다.

중국의 AI 상용화의 특징은 바로 '풀 스택(Full Stack)'이다. 이른바 AI 개발의 전 과정을 아우르는 기술 역량을 시스템화하는 것을 의미한다. 미국이 원천기술 개발에 뛰어나다면 중국은 원천기술을 상용화하는 속도와 DNA를 가지고 있다. 물론, 독자적인 원천기술의 수준도 이미 무서운 속도로 추월하고 있지만 말이다. 딥시크를 통해 자체 기술 역량을 확인했으니 이제는 빠르게 AI 생태계를 산업 전반에 최적화하는 일만 남았다.

미래 2030년을 상상해 본다면, 앞으로 중국은 더욱 정교화된 AI 인프라를 구축한 AI 대국으로 변모해 있을 것이다. 주거, 법치, 교통, 도시, 정부, 교육, 의료 등 모든 산업에 생성형 AI가 스며든 라이프스타일이 가득한 세상이 머지않았다. 그래서 중국의 AI는 인프라 전쟁이기도 하다. 특히 딥시크 및 다른 생성형 AI 기업들이 만들어 낸 인프라는 곧 국가의 자본이자 경쟁력이 된다. 딥시크가 쓴 시나리오는 업계의 기본 AI 레이아웃이 되었다.

그렇다면 중국은 미래 AI 2030 세상을 어떻게 준비하고 있을까?

첫 번째는 강력한 연구이다. 그 뒤에는 국가가 전략적으로 키우는 박사급 AI 인재, 과학자, 공학자들이 대거 존재한다. 2024년 신규로 공개된 생성형 AI 특허 4만 5,000건 중 중국에서 2만 7,000건인 61.5%로 1위를 차지했고, 미국이 7,592건으로 2위를 차지했다. 해당 비교 데이터는 AI 굴기를 목표로 하는 중국과 미국의 패권 싸움이 결국 AI 인재의 두뇌 확보에 있다는 점을 시사한다.

생성형 AI 특허를 보유한 기업의 순위만 보아도 중국 기업이 텐센트, 바이두, 차이나모바일, 핑안보험, 알리바바, 화웨이 등 11개 기업이 특허권을 소유하고 있었다. 이에 비교하여, 미국 기업은 7개, 유럽 기업은 1개에 불과하였다. 중국의 AI 연구는 대기업과 스타트업에서만 이루어지는 것이 아니다. 국가 연구기관에서도 적극적으로 연구하고 특허를 등록하고 있다. 2024년 기준, 중국과학원(CAS, 中國科學院)은 492건의 신규 생성형 AI 특허로 1위를 차지했고, 저장대학교와 칭화대학교가 그 뒤를 이었다.

AI 인프라를 건설하다

중국의 AI 인프라 건설의 시작은 2017년으로 거슬러 올라간다. 왜냐하면 당시 제19차 전국대표대회 보고서에서 처음으로 AI를 중국의 국가 핵심 발전 분야로 명시했기 때문이다. 국무원에서도 '차세대 인공지능 발전 계획'을 발표함으로써 AI를 국가의 전략 차원으로 공식화했다고 볼 수 있다. 모든 산업에 적극적인 AI 부흥을 일으킨 시점은 딥시크 출현 이후 더욱 분명해졌다. 딥시크 중심의 AI 인프라 건설은 개방형 생태계를 촉진시켰다. 동시에 개발자, 기업, 정부기관 등 다양한 참여자들의 적극적인 참여를 불러일으켰다. 그렇다면 이렇게 AI 하나로 단결되는 중국의 힘은 무엇인가? 그리고 그 힘의 원천은 어디인가?

AI 인프라 건설에서 가장 기초가 되는 것 중 하나는 '컴퓨팅 파워'로 꼽을 수 있다. 지금 중국은 과거부터 강조했던 컴퓨팅 파워 자원 개발의 중요성을 더욱 인식하며 국가 차원에서 총력을 다하고 있다. 중국의 AI 컴퓨팅 파워 시장 규모는 259억 달러(약 37조 원), 2026년에는 337억 달러(약 46조 원)에 이를 것으로 전망하며, 생성형 AI를 지원해 줄 지속 가능한 환경이 구축될 것이다. 여기에 가장 큰 공을 세우고 있는 주체는 중국의 1세대 IT 대기업들이다. 텐센트는 AI 연구 개발에 이미 707억 위안(약 13조 5,000억 원)을 투자했다. AI 연구 과정에서 컴퓨팅 자원의 힘은 다시 반도체 칩에서 나오는데 중국 기업들은 반도체 투자에도 인재 양성, 원천 기술 개발, 기업 발굴에 열정을 붓고 있다. 그동안 엔비디아와 같이 외국에 기본 자원을 의존하고 종속되어 있었다면, 이제 중국은 모든 AI 프로세스에서 마주하는 기술 자원의 독립을 추구한다. 해외 아웃소싱의 시대는 이미 저물고 있다. 대륙 안에서 AI 생태계의 굴기를 일으키고자 한다.

중국 자국산 AI 반도체 칩을 개발하다

자, 이제 총알 역할을 하는 '반도체'에 대한 이야기다. 미국의 제재는 중국에 계속 좋은 타이밍을 만든다. 기술 독립을 부추기기 때문이다. 강한 자극은 더 큰 자극을 만든다. 그것은 중국판 스컹크 웍스(Skunk Works, 극비리에 진행되는 비밀 프로젝트 및 연구)를 만들도록 촉발시킨다.

화웨이 어센드(Ascend)는 딥시크를 결합하여 더욱 강력한 AI 자체 칩을 개발한다. 화웨이를 비롯한 중국의 반도체 기업은 딥시크로 인해 저비용 고효율로도 지속 가능한 자체 개발 환경의 시대를 맞이하였다.

AI와 연결된 생명줄을 가진 기업들은 딥시크에 대한 애정을 가질 수밖에 없다. 그 애정을 확인할 수 있는 이벤트도 생겨났다. 화웨이 어센드는 중국 구이저우(貴州)에서 딥시크 소통 살롱을 개최하였다. 본 행사에는 ICT 서비스, 의료, 교육, 철도, 통신, 항공, 제조, 금융 등 300개 이상의 다양한 기업이 참가하였다. 물론 이들은 화웨이 생태계에 있는 파트너사들이었다. 2025년 2월 12일 기준, 파트너 고객의 70%가 어센드 기반의 딥시크를 도입하겠다는 적극적인 의사를 밝혔다. 그뿐만 아니라 구이저우성 빅데이터국은 화웨이와 협력하여 디지털 정부 업무에 어센드 딥시크 도입을 고려하고 있다. 구이저우는 국가종합빅데이터실험구와 디지털경제개발혁신구로서 딥시크와 모든 분야에서 적극적으로 협력을 도모하고 있다. 지방정부, 대기업, 파트너사 모두가 기술에 유연하게 융화되는 과정이다. 이렇게 중국에서 독자적인 기술이 개발되면, 기업, 지방정부, 학계 등 다양한 조직 기관들이 하나로 뭉친다.

중국의 생태계에서 눈여겨봐야 하는 부분이 바로 여기에 있다. 딥시크의 출현은 중국에서 선의의 경쟁을 촉진함으로써 자국 중심의 기술 주권을 다지는 모멘텀이 되고 있다. 그들은 아주 빠른 속도와 깊이로 다양한 산업 분야에 녹아들고 있다. 서로 밀어주고 응원하며 진정한 협업의 모습을 보여 준다. 그 결과, 발전적인 AI 응용 시나리오가 나오게 된다. 이 진화된 AI 시나리오를 만들기 위해서 또 다시 자체적인 기술 연구 개발에 더욱 몰입한다.

세계지식재산기구(WIPO)에 따르면, 중국의 컴퓨터 기술 특허는 전 세계의 60%, 인공지능 특허는 40%, 메모리 특허는 33%를 차지했다.

미국의 기술적 봉쇄에 중국은 더 강력하게 자국산을 만들기에 전심을 다할 것으로 보인다. 그 중심에는 반도체 칩이 자리를 잡고 있다.

중국의 4대 AI 반도체 기업이 있다. 캄브리콘, 하이광 정보, 징지아웨이, 모어스레드가 있다.

AI 반도체는 AI 컴퓨팅을 발전시키고, AI 컴퓨팅은 강력하고 안전한 서버 환경을 가지게 된다.

캄브리콘(中科寒武纪)은 3세대 클라우드 칩인 쓰위엔(思元)을 개발한 회사로, 중국 최초의 인공지능 반도체라고 알려져 있다. 스마트 단말기, 스마트 워치, AR/VR 안경, AI 핸드폰, 스마트 보안, 클라우드 컴퓨팅 센터의 훈련과 추론에 모두 적용할 수 있다.

다음은 하이광 정보(海光信息)이다. 여기서 개발한 DCU 2.0은 데이터 센터, 금융 기술, 명령어 세트를 최적화함으로써 이미지 처리, 음성 인식의 AI 효율을 올린다. 뛰어난 호환성과 하드웨어 및 소프트웨어 지원에 우수한 성능으로 알려져 있다. AI 컴퓨팅 솔루션에 제격이다. 지앙지아웨이(景嘉微)는 JM9 시리즈 GPU 칩이 대표적이다. 우수한 그래픽 디스플레이 처리, AI 훈련 및 추론 지원, 스마트 보안, 산업 자동화 등에 적합한 AI 칩이다.

모어스레드는 GPU 기술을 중심으로 고성능 컴퓨팅 솔루션을 개발한다. GPU 연상 클러스터, AI 기술, 소프트웨어 드라이버 등 컴퓨팅 핵심 기술 영역을 주력한다. 대표적으로 모어스레드의 MTT S4000은 중국 정보통신연구원에서 AI 반도체 칩과 대형 모델 적합성에서 우수한 평가를 받았다.

데이터 센터를 건설하다

AI를 뒷받침해 줄 다음 주인공인 데이터 센터에도 다시 활력이 붙고 있다. 한때 중국의 데이터 센터는 공급 과잉으로 실질적으로는 유령 상태인 지방 및 농촌 지역의 데이터 센터들도 많다고 지적받았다. 그럼에도 불구하고 지금 중국에는 AI 데이터 센터 건설이 증가하고 있다. 2024년 기준, 약 250개 넘는 데이터 센터가 세워졌다. 물론 데이터 센터는 지방정부 및 중국 국유기업에 의해 운영된다. 더불어 중국 정부의 AI 인프라 건설 정책 중 데이터센터 설립은 필수 항목이기도 하다.

대표적으로 2023년에 세워진 장쑤성 국제 데이터센터는 '3합 1 시스템'을 구축하였다. 여기에는 '효율적 데이터 유통 인프라', '안전한 국경 간 데이터 유동', '클러스터형 혁신의 데이터 산업 생태계'가 포함된다. 이는 '데이터-컴퓨팅 파워-시나리오(数据-算力-场景)' 삼위일체 혁신 모델로서 몸집을 키워 가고 있다.

각 지방정부에서 적극적으로 데이터센터를 건설한다. 장쑤성은 '데이터 + 대형 언어 모델'을 산업의 핵심 기둥으로 삼았다. 장쑤성은 기업의 비용 절감을 돕고 동시에 효율성을 높일 수 있는 산업의 디지털 전환을 위한 청사진을 제공한다.

지방정부 중심의 데이터센터 운영은 정부 보조의 AI 인프라 플랫폼 및 클러스터 구축을 의미한다. 이렇게 정부가 개입한 인프라 플랫폼은 AI 데이터 및 대형 언어 모델 산업을 지속적으로 개선하고, 동시에 신뢰할 수 있는 AI 거버넌스를 구축한다.

AI 인프라 건설은 도시 발전에도 영향을 끼친다. 지방정부가 앞서서 데이터 데이터 건설을 추진한다면, 정부는 정책과 재정 지원, 데이터 인프라, 산업 공간, 인재 양성 등 인프라에 필요한 모든 것을 지원하다. 예를 들어, AI 인프라 건설의 중심지이자 창업 혁신 단지 중관춘이 있는 베이징 하이뎬구에 AI 자원이 투자되는 모습을 떠올려 볼 수 있다. 여기에는 컴퓨팅 파워 공급, 플랫폼 구축, 산업 공간 공급 확대, 데이터베이스 구축, 협업 네트워크 구축, 인재 정착을 위한 환경 조성 등이 포함된다.

중국은 '중국만의 규칙'을 수립하는 것을 중요시 여긴다. 중국만의 규칙은 곧 중국이 만든 AI 시스템 질서다. 지금 중국은 미국의 'CCPA', EU의 'GDPR'처럼 제도를 구축하는 것에 대한 중요성을 알고 있다. 이는 중국의 당 중앙위원회와 국무원도 중요하게 보는 사항 중 하나이다. 궁극적으로 중국 AI의 지속 가능성, 기술 혁신, 비즈니스 시나리오 등 모든 것은 중국 현지화 프로세스 내에서 이루어진다. 여기에는 중국이 강조하는 기술의 독립성, 기술 자원을 기반으로 한 인프라 +생태계 통합의 요소가 숨어 있다.

중국 기업들은 '반도체 칩-프레임워크-모델-애플리케이션'을 기반으로 산업 체인을 구축한다. 이 산업 체인 내 핵심 엔진에는 딥시크와 같은 중국 대형 언어 모델이 자리를 잡고 있다. 중국의 AI는 자국 내 긴밀하고 촘촘한 산업 네트워킹이 준비되었다. 서로가 하나의 공동 목표를 가지고 공유하는 문화가 낯설지 않다. 그리고 이러한 문화는 내수 경제를 보다 활력 있게 만든다.

04 시작된 중국 AI 에이전트 마라톤

중국의 AI 슬로건은 '자국 혁신 기술 독립'이다

중국 AI 에이전트 추격전이 시작됐다. 누가 단거리 마라톤 승자가 되고, 누가 장거리 마라톤에서 웃는 자가 될 것인가.

현재까지 밝혀진 바로는 딥시크의 최종 목적은 범용 인공지능(AGI: Artificial General Intelligence) 개발이다. 'AGI 달성'은 처음부터 딥시크의 사명이었고 최종 목적지라는 점은 규정 사실이었다. 이는 비단 딥시크만이 추구하는 목적이 아니다. 중국 정부가 지향하는 방향이기도 하다. 그렇다면 지금 중국은 AI 에이전트를 만들기 위해 어떤 준비를 하고 있을까?

시장 조사 기관 리서치 앤드 마켓에 따르면, 전 세계 AI 에이전트 시장 규모는 2030년 332억 1,000만 달러(약 45조 5,000억 원), 연평균 17.1% 성장할 것으로 전망한다. 중국은 어떤 상황일까.

InfoQ 온라인 플랫폼에 따르면, 2030년 중국 AGI 기업 시장 규모는 3,024억 6,000만 위안(약 58조 6,100억 원)에 달할 것으로 발표했다. 더불어 AGI 응용 산업 시장 규모는 4,543억 6,000만 위안(약 88조 원)으로 예상하며, 2027년까지 중국 AGI 응용 시장은 급속하게 성장할 것으로 보았다. 이는 글로벌 AI 에이전트 시장 규모를 이미 추월한 수치로 세계 1위 AI 에이전트 소비 시장이 될 것으로 예상된다. AI 에이전트 시대로 가기 전, 중국은 기초 설비 작업에 성실히 임하고 있다. 바로 AI 모델, AI 응용 서비스가 체계적으로 준비된 생태계 건설이다. 이 과정에서 딥시크는 시스템을 만들어 준 중요한 역할을 했다. 현재 중국은 딥시크를 기반으로 생성형 AI 인터페이스를 곳곳에 심어 놓았다. 교육, 의료, 법률 등 어디에서도 손쉽게 AI를 만날 수 있다. 여기에 지능형 에이전트 통합 연결을 위해 MCP(Multi-Model Communication Protocol AI: 에이전트가 어디에 있든, 어떻게 구축되든 도구, 서비스 및 데이터와 일관되게 연결할 수 있는 방법을 제공하는 것) 서버 개발에도 박차를 가하고 있다.

가트너(Gartner) 보고에 따르면, 2028년 전 세계 AI 에이전트의 침투율은 78%에 달할 것으로 전망한다. 지금 중국은 AI에서 AGI로 넘어가는 과정을 밟고 있다. AGI 개발 방향 역시 중국의 자국 혁신으로 이뤄 내는 독립적인 AGI 생태계 구축이 목적이다. 중국 AGI 시장은 이미 시스템을 만들어 가는 과정 중에 있다. AGI 개발을 위해 혁신에 도전하는 기업 문화, AI 산업 사슬, 플랫폼 시장 등 완벽하지는 않아도 체계를 잡아가는 중이다. 우선 완벽보다는 완성에 집중한다. 이 과정에서 시행착오를 인내하며 AI

로 체질 개선을 하고 있다. 이는 인프라, 모델, 에이전트, 응용 애플리케이션 총 4개의 피라미드로 구현된다. 맨 아래층 1층인 인프라 층에는 AGI를 실현하는 기초 층으로, 모델 훈련에 영향을 미치는 중요한 역할을 한다. 2층은 바이두, 알리바바, 바이촨, 미니맥스, 즈푸AI와 같은 AGI 모델을 제공하는 기업이다. 이들이 에이전트의 핵심 주인공들이다. 3층에는 AGI를 가지고 실제 응용 산업에 사용할 수 있도록 기능과 서비스를 제공한다. 대표 주자로는 알리바바, 텐센트, 징둥 등이 있다. 맨 꼭대기 층에는 응용 애플리케이션 기업들이 위치한 자리로, AGI 기술을 통해서 고객에게 더 나은 효율적인 경험과 서비스, 애플리케이션을 제공한다.

중국 정부는 '두뇌 프로젝트' 정책에서 30%가량의 재정을 AGI 인프라에 투자한다고 밝혔다. 중국은 정부가 하늘이라면, 하늘 아래 기업들은 자연스럽게 이를 흡수하고 시장에 적응한다. 자연스러운 이치이다. 당연히 AGI를 개발하기 위한 기업에는 동기 부여가 된다. 중국 AI 기업 뒤에는 보이지 않는 존재인 국가의 전략적 개입이 긍정적인 동력으로 작용하며 목표를 단합시키는 추진력을 만들고 있다.

지금 중국은 AI 인 차이나 시대를 반갑게 즐기고 있다. 잠시 한 가지 질문을 던져볼 수 있다.

과연 중국의 생성형 AI는 양적 성장에서 질적 성장으로 갈 수 있을까? 이미 양적 성장 면에서 보면, 중국의 인공지능 대중화는 시작된 듯하다. 딥시크 인 차이나의 시간을 충분히 보내고 있기 때문이다. 그리고 이는 단기간에 거품 현상으로 끝나지 않을 것이다. 딥시크는 단순히 생산성 도구를 뛰어넘어, 체계화된 AI 생태 거버넌스를 만들고 있다.

중국에서 에이전트 웨이브가 시작되다

중국의 AI 트렌드는 범용 AI 에이전트 개발로 흘러간다. 이는 중국에게 있어 중요한 자본의 패권을 쥐는 것이다. 더불어 곧 개인, 공동체, 기업, 사회, 국가의 내수 경제와 직결된 문제이기 때문에 에이전트 개발과 국제 무대를 타깃으로 한 상용화는 멈추지 않을 것으로 보인다. 물론 에이전트가 시각, 후각, 촉각 등 감각 체계와 같은 경험과 기억의 경험까지 가기 위해서는 많은 시간이 필요하다고 전문가들은 말한다. 중요한 것은 지금 경제의 콘텍스트가 중국 AI 및 하이테크 기술을 중심으로 재편되고 있다는 점이다. 그리고 더욱 기억해야 할 점은 그 재편의 주인공은 중국 AI 인재들이다. 그렇다면 우리는 무엇을 준비하고 어떤 구체적인 액션 플랜을 취해야 하는가?

알리바바 클라우드 자회사인 알리윈에서 발표한 AI 에이전트 경쟁력의 구조를 살펴보자.

중국이 AI 경쟁력을 갖추는 피라미드 구조를 살펴볼 필요가 있다. 기본 공식은 '데이터 + 모델 + 시나리오' 이 세 가지 핵심 요소가 AI 제품에 경쟁 요소로 작용한다. 이 프로세스를 실질적으로 가속화시킨 주인공은 딥시크였다. 중국 내에서도 AI 에이전트에 대하여 전문성, 보편성, 비용, 효과 등의 균형이 필요하다고 보았다.

하지만 주의 깊게 봐야 할 점은 AI 에이전트 워싱(AI Agent Washing)은 없는지 살펴야 한다. AI가 단순히 비서가 아닌 인식, 의사 결정, 자율성 능력을 갖추는가를 살펴야 한다. 에이전트로서 충분한 기능을 가진 자격 요건이 되는지는 상용화 과정에서 매우 중요하다.

정리하면, 이제 중국에서는 AI 모델을 넘어서 에이전트를 이야기하고 싶어 하는 분위기다.

중관춘 포럼에서 즈푸(智谱)가 AI 에이전트 출시 소식을 알렸다. 그 이름은 'AutoGLM'으로, 즈푸가 자체 개발하였다. 심층적 연구 및 운영 역량으로 만들어진 AutoGLM은 생각하며 행동하는 능력을 갖춘 것이 특징이다. 즈푸 AI의 대표적인 반추 모델인 'GLM-Z1' 덕분이라고 한다. 성능은 딥시크 R-1과 비슷하지만, 속도는 8배 빠르고, 가격은 R-1의 1/30 비용이다. 역시 오픈소스로 제공된다.

중국의 스마트 AI 대중화는 긴밀한 AI 산업 사슬을 기반으로 만들어진다. 이는 단순히 기술적 연구의 성과로만 입증하는 것이 아닌, 14억 인구의 내수 소비 시장에서 돈을 지급하고 AI를 사용할 수 있는 사용자 친화적인 상용화를 의미한다. 바로 1단계로 기술 인프라 건설, 2단계로 애플리케이션 개발을 통한 응용 비즈니스 통합, 3단계로 AI 혜택을 받는 가치 실현, 4단계 산업 재구조화이다.

중국이 AI 인 차이나로 갈 수 있는 이유는 무엇일까? 여기에서 오픈 이노베이션의 영향력도 간과할 수 없다. 민영기업, 국유기업 등 서로 간의 개방적인 협력이 허용되고 기업들은 오픈 이노베이션 장을 통해서 AI 상용화를 가속화한다. 이는 산업 간의 경계를 유연하기 만들어 딥시크를 뛰어넘는 응용 솔루션을 만든다.

마누스의 출현이 메시지를 예고하다

딥시크의 불씨가 잠잠해지지도 않았을 때, AI 에이전트 마누스(Manus)가 등장했다. 중국 스타트업 모니카(Monica)를 설립한 1990년대생 연쇄 창업자 샤오훙(肖弘)이 만들었다. AI가 단순히 생산성 도구가 아닌 인지 지능이라는 점을 강조한다. 역시 각 언론과 세상이 잠시 떠들썩했다. 직접 마누스를 사용해 보았다. 마누스 사이트에 들어가면 사고가 아닌 결과를 제공한다고 적혀 있다. 일본 여행 가이드 제공, 테슬라 주식 심층 분석, 온라인 스토어 운영 분석 등 여러 가지 시나리오를 처리할 수 있다. 두뇌와

손 모두를 사용하다는 의미의 라틴어 어워인 'Men set Manus'
처럼 실제 실행되고 있었다.

물론 실행 속도, 모델 환각 등 최적화의 필요성이 더욱 제기되
고 있지만, 중국에서 딥시크에 이어 마누스 AI 에이전트가 우리
의 삶에 변화를 가하고 있다는 점을 주의 깊게 봐야 한다. 더 이
상 중국의 AI는 생성을 제안하는 역할이 아닌, 실제 업무를 실행
하는 심층적 응용의 단계로 가고 있다. 중국의 AGI는 인간의 라
이프스타일에 변화를 가하는 것을 타깃으로 한다.

젠스파크 AI가 구글의 대항마로 떠오르다

다음 주인공은 미국 캘리포니아주 팔로알토에 위치한 젠스파
크이다. 젠스파크(Genspark)는 콘텐츠 생성에 특화된 에이전트이
다. 젠스파크의 공동 창업자 에릭 징(景鯤)과 주카이화(朱凯华) 바
이두 부사장을 지냈으며, 샤오두(小度) 테크놀로지 대표를 역임한
20년 이상의 AI 기술 연구의 베테랑이다. 에릭 징은 중국계 미국
인으로 중국 마이크로소프트에서 인공지능 로봇 '샤오빙'을 연구
했었다. 젠스파크를 사용해 보니 생성된 이미지, 오디오, 텍스트
콘텐츠의 완성도가 우수했다. 깔끔한 보고서 처리 능력도 탁월

했다. 젠스파크는 다중 에이전트 프레임워크를 기반으로 에이전트가 작동된다. 그들은 편견 없는 방식으로 정보를 얻는 방법을 제공하는 것이 목적이다.

지금 중국은 기술 대혁명의 길을 밟고 있다. 물론 왕관을 쓰려는 자, 그 무게를 견뎌야 한다. 에이전트 영역에서도 굴기를 일으키려는 중국의 속도에 우리는 어떤 차별화된 전략으로 무엇을 준비해야 할까?

딥시크 모멘트, 중국은 결국 자신의 것을 원한다. 중국은 기술의 독립성과 혁신이 곧 국가의 생존과 번영으로 직결된다는 것을 직감적으로 알고 있다. 이 과정에서 그들은 쉽사리 누구에게나 의존하지 않는다. 즉 자신들만의 독창적인 실력으로 국가와 기업의 AI 수준을 성장하는 데 집중하고 있다. 중국의 AI 에이전트는 또다시 더욱 확장된 AGI 생태계로 확장될 가능성이 크다. 그 이유는 중국은 플랫폼적 사유에 익숙하고, AI 공급망, 14억 내수 시장, 정부의 민첩성, 기업의 AI 상용화 능력이 서로 맞물려 AI 영토를 만들고 있기 때문이다.

딥시크와 신 비즈니스 기회
딥시크를 레버리지로 활용하기

병전계(幷戰計) - 수상개화(樹上開花)

"실제로는 병력이 적지만, 이를 감추고
더 큰 세력을 가진 것처럼 보이게 하는 전략"

01 1인 유니콘 크리에이터 시장

차세대 왕홍이 AI와 함께 떠오르다

이미 중국에서는 딥시크로 돈을 벌고 있는 1인 크리에이터들이 등장하고 있다. 블로거는 딥시크를 활용해 노래를 쓰기도 하며 가수로 활동하기도 한다. 새로운 왕홍 시대가 그려진다. 바로 AI 왕홍, AI 크리에이터 시장이다. 최근 딥시크로 돈을 번 주인공의 나이는 고작 링링허우 세대였다. 2000년생 출신의 한 라이브 커머스 진행자는 딥시크를 활용해 라이브 방송으로 하루만에 3억 3,000만 위안(약 630억 원) 상당의 상품을 판매했다는 일화가 전해졌다. 이 소식은 중국 SNS 웨이보(微博)에서 크게 화제가 되었다. 라이브 커머스 방송에 쓰이는 대본을 딥시크로 작성하여 리소스를 효율적으로 관리한 덕분이었다. 해당 소식이 입소문처럼 퍼지자, 이에 관하여 말도 안 된다는 열띤 토론으로 이어지며 딥시크를 과도하게 신격화하는 것 같다는 말도 나오고 있다. 그러나 딥시크가 써준 라이브 방송 대본으로 큰 돈을 벌었다는 소식은 머지않아 중국의 왕홍과 라이브 커머스 시장의 미래 변화를 미리 암시해 준다.

딥시크의 출현은 중국의 7조 위안(약 1,350조 원) 규모의 왕홍 경제를 능가할 것으로 예상된다. 이제는 AI 기반의 크리에이터 및 인플루언서 시장이 열리며 중국의 넥스트 왕홍은 딥시크를 잘 활용하는 누군가에게 자리가 주어질 수도 있다. 딥시크가 왕홍 및 라이브 커머스 방송, 비리비리(哔哩哔哩)와 같은 중국판 유튜브 방송 제작에 들어가는 시간과 비용을 효율적으로 관리해 주기 때문이다.

중국의 왕홍, 크리에이터들이 활동하는 샤오홍슈(小红书)와 같은 콘텐츠 미디어 커머스 시장은 하루에 한화로 1,000억 원까지 판매할 수 있는 시스템과 규모, 인적 자원이 갖추어진 매력 있는 시장이다. 기업들에게는 해외 시장에서 현금을 확보할 수 있는 유통 채널이다. 몇 년 치 실적을 중국에서는 단 몇 시간 만에 만들 수 있기 때문이다. 이제는 여기에 딥시크가 들어가, 왕홍의 비싼 비용, 미디어 커머스 준비에 들어가는 리소스를 효율적으로 바꾸어 준다. 한국 기업도 이를 위한 준비를 해야 한다. 중국의 유명 왕홍 웨이야(薇娅)는 14시간 만에 무료 한화 1조 4,700억 원, 립스틱 오빠로 유명한 리자치(李佳琦)는 약 2조 2,000억 원의 판매 기록을 올렸었다. 이렇게 거대한 왕홍 시장에 만약 AI가 탑재된다면 어떤 일이 벌어질까? 디지털 휴먼이 라이브 커머스를 방송하는 시대도 멀지 않을 것이다. 충칭(重庆)에서는 최초로 디지털 휴먼 생방송 플랫폼을 출시했다고 한다. 딥시크와 통합된 생방송은 개인과 기업이 심층적 사고 능력과 시간 제약 없이 구동되는 방송 환경의 전자상거래 시스템 구축을 돕는다. 특히 왕홍 방송을 준비하는 데 쓰이는 대본 제작을 간편화하고 동시에 콘텐츠 기획에 대한 정확도를 높임으로써 더 큰 왕홍 시장을 만드는 촉매제가 될 수 있다. 아마도 조만간 딥시크 덕분에 하루에 어마어마한 판매고를 기록했다는 왕홍 소식이 들려오지 않을까.

YY 생방송(YY直播)은 라이브 스트리밍 서비스이다. BJ가 노래도 하고 왕홍 방송도 하는 플랫폼이다. 82억 405만 위안(약 1조 5,600억 원)의 매출액을 찍는 중국 최대의 온라인 방송 플랫폼 중 하나이다. 이들 역시 딥시크를 도입했다는 소식이 들려왔다. 바로 YY-DeepSeek R-1(YYDS)이다. 이들은 딥시크 기능으로 단순 커뮤니티에서 스마트 지능형 커뮤니티로 발전하고 있다. 주제별 콘텐츠 생성, AI 인기 단어 생성, 생방송 주최자와 사용자 간의 위치 제공 등 스마트한 커뮤니케이션 경험을 제공한다. YY 생방송에서는 디지털 캐릭터인 '링어(Linger)'를 출시하였다. AI는 사용자와 크리에이터 간의 상호작용을 촉진하여 더욱 흥미진진하고 몰입감 있는 콘텐츠 소비를 할 수 있게 만든다.

딥시크는 단순히 물건을 판매하는 왕홍에게만 해당되지 않는다. 어쩌면 창의성을 요구하는 창작 산업에서 더욱 빠르게 속도를 낼 수 있다. 이미 중국의 한 블로거는 딥시크를 이용해 노래를 수없이 창작하고, 수만 위안의 저작권 수익을 냈다고 말했다. 해당 블로거 말에 따르면, 오히려 인간이 쓴 엉성한 가사보다 정확한 가사를 쓸 수 있다고 주장한다. 물론 음악의 독창성, 저작권 귀속에 대한 논쟁이 있지만, 그는 AI가 이미 창작 방법과 접근을 변화시킨다며 새로운 가능성을 예고했다. 하지만 중국 예술계에서는 '과연 AI 창작물을 예술로 인정할 수 있는가?'에 대해 열띤 토론이 이어지고 있다. 일각에서는 AI는 도구일 뿐 뭔가 부족한 느낌이 든다는 의견이 있고, 동시에 다른 예술이 인간의 독점적인 영역인가?하는 상반되는 목소리가 있다. 그럼에도 불구하고 초보 아티스트에게는 기회가 될 수 있겠다. 앞으로도 딥시크를 활용한 음악, 책, 예술 등 다양한 AI 창작품이 나올 것이다. 그리고 중국인들이 누구보다 AI 창작의 속도를 빠르게 흡수할 것으로 보인다.

02 스마트 소비 문화

중국인, 미래 최대 AI 소비자가 되다

지난 몇 년간 중국의 전자상거래는 외국계 기업들도 우위를 선점하고 싶을 만큼 소비 열기로 가득했다. 그만큼 연 매출을 하루 만에 벌 수 있는 매력적인 시장이었다. 티몰, 징둥, 알리바바, 샤오홍슈의 뒤를 이어 테무, 핀둬둬, 쉬인 등 새로운 C-커머스가 연달아 출생하며 중국 내수의 소비 시장은 더욱 글로벌화되고 성숙되었다. 그리고 이 C-커머스(China Commerce)는 한국에서도 그들만의 잔치를 만들었다. 하지만 중국을 대표하는 커머스 플랫폼들은 이미 딥시크 및 중국 자국의 AI 도구를 도입해 체질 변화에 나선지 오래되었다.

아이리서치(艾瑞咨询)에 따르면, 2028년 중국 인공지능 산업 규모는 8,110억 위안(약 157조 원)에 달한다. 다시 말해, 이는 중국인들의 AI 서비스 구매에 대한 잠재적인 소비 시장을 뜻한다.

현재 딥시크 붐으로 봐서는, 생성형 AI는 중국인들이 상품을 구매하고 브랜드를 추구하는 소비 습관에 변화를 가할 것으로 보인다. 그럼 중국 기업들은 이를 어떻게 활용하고 있을까?

'AI + 전자상거래' 모델을 이미 적용하고 있는 기업이 있었다. 바로 '즈드어마이(値得买)'라는 기업이다. 그들은 사용자 행동 분석을 통해 개인화된 상품 리스트를 생성하는 AI 쇼핑 가이드 '샤오즈 어시스턴트'를 선보였다. 즈드어마이는 이미 2023년부터 생성형 AI 콘텐츠를 핵심 전략으로 삼았다. AIGC를 활용해 각 소비자 개인의 관심사에 따라 콘텐츠 수집, 분석, 정제, 추천하는 소비자 콘텐츠 플랫폼을 구축하는 것이다. 샤오즈는 대화를 통해 사용자의 니즈를 심층적으로 이해하여 실시간 소비 경험과 전자상거래의 정보를 분석, 요약, 제품 비교, 제품 추천 등 최적화된 쇼핑 경험을 제공한다. 이로써 의사 결정의 시간과 비용을 절약할 수 있도록 돕는다. 이러한 흐름 속에서, 딥시크는 궁극적으로 리테일 구조를 재편한다. 'AI + 리테일' 공식은 쇼핑 경험의 루트와 시나리오에 변화를 가한다. 첫째, 개인화된 추천을 통해서 쇼핑 비서 역할을 한다. 딥시크와 같은 AI는 소비자 니즈를 정확하게 반영하고 충족시키는 가이드 역할을 한다. 두 번째는 전인적 쇼핑 경험을 제공한다. 방대한 데이터가 뒷받침되어, 오프라인 경험, 온라인 데이터 등 알고리즘을 바탕으로, 고객 욕구에 맞는 일관된 쇼핑 경험을 제공한다. 여기서 딥시크는 상품 구매 예측의 정확도를 높인다. 소비자의 검색 기록, 구매 기록, 행동 기록 등 전인적 구매 패턴을 분석, 모델링함으로써 스마트 AI 기능이 탑재된 전자상거래 플랫폼의 출현을 예고한다.

이제 고객 응대는 딥시크와 같은 AI가 대응한다. 이미 스마트 챗봇이 사용되고 있지만, 딥시크 AI는 그다음 고객에게 맞는 소통 및 처리 솔루션을 준비하도록 도와 준다. 이는 수동적이며 단발성의 고객 서비스로 인한 비용과 시간의 압박을 해결한다. 그뿐만 아니다. 기업 경영에서 가장 중요한 재고 관리, 공급망 관리, 예산 관리, 효율적인 마케팅, 리스크 관리 등에 필요한 스마트 예측 역할을 주도적으로 맡게 된다. 다시 말해, 단순히 업무의 자동화가 아닌 스마트한 시나리오 경영을 위한 솔루션을 프로세스화하도록 돕는다.

더불어 딥시크는 다른 국가의 소비자가 겪는 언어 장벽을 해소한다. AI의 실시간 번역 기능은 더 많은 글로벌 소비자를 견인할 수 있다.

무엇보다 딥시크, AI의 파급력은 새로운 소비 트렌드를 열 것이다. 소비자들은 더욱 개인화된 제품을 요구할 것이다.

중국 서적《딥시크 실전 가이드: 데이터에서 부로(DeepSeek, 实战指南 : 从数据到财富)》에서는 딥시크가 만든 라이프스타일 응용 시나리오를 제시한다. 딥시크는 고객의 러닝 스타일, 관심, 선호도를 파악한 데이터를 기반으로, 스포츠 용품, 달리기 훈련 기술 등 제품과 콘텐츠를 제시해 준다. 여기에 스마트 쇼핑카트 추천 기능이 더해지면, 쇼핑카트에 담긴 제품 데이터를 통해 좋아할 만한 제품을 추천해 줄 수 있다. 여기에서 내가 고른 흰색 셔츠에 어울리는 바지와 재킷, 가방을 추천해 줄 수도 있다. AI는 나보다 나의 취향을 더 잘 알고 있는 쇼핑 친구가 된 셈이다. 전자상거래 기업은 이러한 시스템을 구축함으로써 정밀하게 타깃팅된 고객과 바로 만날 수 있다. 더불어 AI 기반 마케팅 푸시를 개발할 수 있다고 제안한다. 만약 고객이 제품만 둘러보고 구매하지 않을 경우, 어떻게 할 수 있을까? 딥시크는 이를 찾아내는 탐정 역할을 할 수도 있다. 바로 숨은 의도를 파악하는 것이다. 그리고 개인화된 마케팅 정보를 고객에게 알린다. 책에서는 다음과 같은 방법을 사용할 수 있다고 전한다. 예를 들어, 그냥 지나친 고객을 파악하여, '지금 구매하면 30% 할인' 마케팅 메시지를 전송한다. 놓친 고객의 발걸음을 다시 돌리게 만든다.

딥스크는 중국인의 소비 패턴을 변화시키고 있다. 아무래도 AI를 빠른 속도로 흡수하는 중국인 사용자들의 소비 성향이 스마트화되어 가고 있기 때문이다.

만약 다시 중국 시장에서 재개 혹은 진출을 앞두고 있다면, 딥시크 및 다양한 중국 AI 에이전트 도구를 활용해 보는 것을 추천한다. 어쩌면 미래 중국 소비자들은 딥시크가 결합된 AI 서비스와 제품에 더욱 친근감을 느낄지도 모른다.

AI 시장을 바꿀 슈퍼 소비자는 어쩌면 14억 인구 중국 내수 시장에 있을 수 있다. AI 서비스 및 상품을 판매하는 기업에 중국의 내수 시장과 스마트한 중국 소비자는 든든한 후원자가 되어준다. 다시 말해, 중국인들의 AI 친화력은 중국 기업이 더 나은 솔루션을 개발하고 원천 기술을 연구하는 데 영감을 실어 준다.

03 다시 불어오는 창업 바람

AI 창업이 새로운 지평을 열다

중국에 이따금씩 불어오는 기술 혁신의 모멘텀 때에는 창업 붐이 일어나곤 했다. 알리바바가 탄생한 마윈의 경영 시기 때도 그랬고, 그 이후 더우인, 테무 등인 출현했을 때도 중국인들의 기업가 정신은 고양되었다. 물론 중간에 잠시 주춤했던 시기도 있었다. 중관춘의 모습이 예전 같지 않다는 소식들도 들려왔다. 그런데 다시 창업의 입김이 불어오고 있어 보인다. 량원펑이 성공적인 모델이 되었기 때문이다. 지금 중국 젊은이들은 량원펑의 모교 저장대학교를 탐방하려고 줄을 섰다. 그의 역할이 대단히 크다고 볼 수 있다. 청년들 마음에 기업가 정신의 불씨를 일으켰다. 이러한 현상을 대외적으로 입증한 일이 있었다. 바로 애플 CEO 팀 쿡(Tim Cook)의 저장대학교 방문이었다. 팀 쿡은 중국에 방문하여 '딥시크를 당연히 써봤고 놀랍다'라며 감격을 표현했다. 무엇보다 놀라운 점은 애플이 저장대학교에 창업 펀드를 결성했다는 일이다. 오픈AI와 대립된 구조 속에서 애플의 행보는 질문을 던진다. '왜 팀 쿡은 중국에 창업 펀드를 만들었을까?' 이 펀드의 이름은 '애플 모바일 애플리케이션 인큐베이션'으로 공동 펀드이다. 3,000만 위안(약 60억 원)을 기부했고 인턴십, 멘토십을 통해 창업자를 발굴한다. 일회성 이벤트가 아닌, 차세대 인재를 위한 교육과 창업을 지원한다. 이러한 행보는 사실 서프라이즈 이벤트는 아니다. 애플은 이미 10년 동안 저장대학교에 5,000만 위안(약 100억 원)을 기부해 왔다.

미국과 중국간 AI 패권 전쟁이 고조를 이루는 상황에서, 미국 기업과 중국 간의 협력은 이게 다가 아니다. 2021년부터 테슬라도 상하이 전력대학(上海电力大学)과 협력 프로그램을 시작했다. 아마존웹서비스(AWS)도 아마존 베드록(Amazon Bedrock)과 아마존 세이지메이커 AI(Amazon SageMaker AI)에 딥시크 R-1을 도입한 바 있다. 이렇게만 보면 중국이 다국적 기업에게 포기할 수 없는 매력적인 시장인 것은 분명해 보인다.

딥시크는 중국 청년들에게 더욱 많은 기회를 가져다 주었다. 물론 AI가 대체하는 일자리에 대한 불안과 걱정도 존재한다. 그러나 제2, 3의 딥시크는 결국 사회적으로 기업가 정신 문화를 조성하고 발굴 양성하는 문화의 흐름 속에서 나올 가능성이 크다. 딥시크는 중국에 꺼져 가는 창업의 불씨를 다시 지피고 AI 기술 혁신에 대한 영감을 불러일으켰다. 딥시크 직원 중 대부분은 칭화대, 베이징대, 저장대 등 대학생, 인턴이다. 링링허우들은 희망

을 갖게 되었다. 하이구이(海归, 해외파)가 아니어도 얼마든지 세계
로 뻗어나갈 수 있는 동기 부여가 되었기 때문이다.

딥시크 덕분에 죽어 가던 중관춘 창업 혁신단지가 다시 살아나
고 있다는 소식도 들려온다. 중관춘이 위치한 베이징 하이뎬구(海
淀区)는 국제 과학기술혁신센터의 허브이다. 2025년 새로 입주한
체화형 지능 기업(체화지능, Embodied Intelligence: 환경과 상호작용하는 차
세대 AI 로봇 기술로 휴머노이드 로봇, 6G, AI 디바이스 등이 있다)은 창업 보조
금 5만 위안(약 980만 원)을 받게 된다고 한다. 더불어 상위에 속하는
60개 기업에게는 현금 리워드, 임대료 감면의 혜택도 제공한다.

하지만 여기서 딥시크가 불러일으킨 기업가 정신, 창업의 동기
부여를 조금 더 입체적으로 살펴볼 필요가 있다. 먼저, 긍정적인
충격이다. 이는 기술 혁신에 접근하는 사유 방식의 전환을 의미
한다. 딥시크 사례를 통해 적은 투자로 효율적인 기술을 구현하
는 방법론을 고민하도록 만들었다.

딥시크는 기업가들에게 어떤 영감을 불러일으켰을까?

첫째, 더 이상 AI는 먼 미래 기술이 아니라는 사실을 확인시켰
다. 실제임을 체감시켰다. AI는 기업가들이 풀어야 할 현재 과제
이다. 중국 기업가들의 시선은 모두 AI를 향해 있다.

두 번째, 결국 돌고 돌아 혁신만이 살길이다. 그리고 '이 혁신을
어떠한 방법과 전략으로 구현하는가?'에 대한 질문을 던졌다. 결
국 남들이 상상하지 못한 과감한 결단과 시도가 파괴적 혁신으로
가는 출발이라는 점이다. 세 번째, 신속한 실행이다. AI 도입에 의
사결정을 미루지 않는 민첩한 판단을 뜻한다. 비즈니스 모델에 AI

를 도입하여 빠른 시장 테스트, 피보팅, 업그레이드, 최적화의 단계를 애자일한 방식으로 돌려야 한다. 네 번째, 새로운 비즈니스 발견이다. 기업은 결국 수익을 창출해야 한다. 이를 위해서 처음에는 속도보다는 방향성이 중요한데, 딥시크와 같은 AI 기술을 적용해 어떠한 시장 가치를 창출할 것인지 발견해야 할 것이다. 지금 중국은 AI 가치 창출에 대하여 끊임없이 시도하고, 실패하고, 다시 일어서기를 반복하는 성장 단계에 있다. 이 중심에는 중국 본토에서 태생한 4,000개 이상의 AI 기업이 함께 길을 걷고 있다.

위의 내용을 한마디로 정의하면, '새로운 기회'이다. 딥시크는 새로운 가치 발견을 모색하도록 기업가 정신에 다시 불꽃을 일으켰다.

중국 내 채용 시장의 분위기도 맑음 상태가 되었다. 딥시크 효과는 비단 혁신을 추구하는 스타트업, 굵직한 대기업에만 해당하는 것은 아니다. 개인의 직업과 생존과 직결된다.

2025년 중국 취업자 조사에 따르면, AI 산업 구직자 수는 전년 대비 33.4% 증가했다고 한다. AI 엔지니어 구직 성장률 역시 69.6%로 구직률 1위를 차지하였다. AI의 등장으로 직업이 대체되는 흐름과는 다른 현상이다. 대형 언어 모델 알고리즘 엔지니어의 경우 연봉 200만 위안(약 3억 8,000만 원), 만약 실력만 있다면 중국 기업에서는 더 높은 연봉을 제시하며 인재를 모셔갈 것이다.

중국의 한 취업 박람회 부스에서 재밌는 장면이 목격되기도 했다. 모 회사 부스에는 'Deepseek 엔지니어 구함'이라는 안내문을 붙여 놓기도 했다.

물론 이러한 현상 뒤에는 AI를 중심으로 체질 개선을 시도하는 중국의 대학교가 있다. 결국 인재 양성은 교육기관에서 이루어지고 배출되기 때문이다. 따라서 지금 중국의 대학교 캠퍼스의 온도가 달라졌다. 저장대학교, 푸단대학교, 저장재경대학교 등 대학에서는 인공지능을 모든 대학생의 필수 교양 과목으로 지정하고, 인공지능 분야의 교양 교육과 학제 간 교육을 더욱 강화하기 위해 'AI + X' 마이크로 전공까지 개설되었다고 한다. 기업 차원에서는 'AI+취업' 전략을 내세우며 취준생들이 미래에 어떤 직업을 준비해야 하는지 길을 제시하고 있다.

중국의 인공지능 인재상은 단순히 개발자의 직무를 넘어, 몇 가지 요구 사항이 있다.

첫째는 업계를 이해하는 AI 인재상이다. 예를 들어, 의료 분야의 모든 측면을 잘 알고 있는 엔지니어이다. 의료 전문 지식과 AI 모두의 논리를 잘 이해하는 사람이다. 두 번째는 AI 윤리를 이해하면서 AI 전체 생태계를 볼 줄 아는 인재이다. 데이터 관련 윤리와 법을 이해해야 하는 것도 우선시되고 있다. 그래야 건강한 AI 생태계를 만들 수 있다는 점이다.

중국의 AI 인재가 주목받고 있다. 스탠퍼드 대학교에서 발표한 '2023년 인공지능 지수 보고서'에 따르면, 전 세계 AI 우수 인재의 절반이 중국 출신이라고 한다. 다시 말해, 전 세계 AI 연구원의 47%가 중국 국적 출신으로, 미국 18%을 추월한다. 여기에 화교 인구까지 더하면 중국 AI 인재들의 영향력은 그야말로 거대하다. 2024년 미국 마크로 폴로(Macro Polo)에서 발표한 보고서에 따르면 미국의 AI 인재 중에서 화교 출신이 75% 달한다고 한다. 중국의 AI 경쟁력은 결국 '사람'에서 나온다.

04 전 국민 AI 커뮤니티 탄생

딥시크가 AI 문해력을 해결할 수 있다

딥시크를 중심으로 굉장히 많은 소셜 커뮤니티가 만들어졌다. 이는 생성형 AI에 대한 중국인들의 참여도가 사회 분위기적으로 매우 고양되었다는 것을 뜻한다. 딥시크 커뮤니티는 다양한 형태로 나타나고 있다. 기본적으로 딥시크 사용법을 배우는 교육 커뮤니티, 콘텐츠 제작 커뮤니티, 창작자 및 작가 커뮤니티, PPT 제작 커뮤니티, 라이브 커머스 대본 제작, 사업가 등 소규모 모임으로 퍼지고 있다. 딥시크 사용법을 배우는 유료 강좌들이 개설되며 마치 딥시크를 배우지 않으면 도태될 것만 같은 심리적 불안감도 배제하지 않을 수 없다. 사람들은 딥시크를 사용하며 실용적이고 효율적인 학습 결과를 원한다. 하지만 이러한 커뮤니티는 그들의 기대를 충분히 채워 주지 못할 때도 있었다. 한 SNS 운영자는 딥시크가 작성한 판매 대본으로 라이브커머스를 진행했지만 사람들은 "대본이 너무 형식적이다. 실제 상호작용한다는 느낌이 없다."라는 반응을 얻었다고 한다.

취업 준비생 및 청년 대상의 딥시크 교육 강의가 한참 유행이다. 청년들을 대상으로 한 딥시크 교육 홍보물을 보면 이렇게 학습 목표가 적혀 있다. 첫째, 학생들은 딥시크 기본 사용법과 AI를 완벽하게 습득한다. 두 번째, 딥시크 질문 방식 이해, 문서 작성, 이미지 처리, PPT 생성 기술을 익힌다. 세 번째, AI를 활용한 업무 효율성 기술을 익힌다. 대부분의 커리큘럼은 '빠르게 딥시크 익히기', '5분 안에 문서 만들기', '효과적인 질문하기' 등 상업적인 문구로 사기를 불어넣었다. 하지만 현재 중국 매체에서는 이러한 가치를 의심하는 기사들이 나오며, 사람들 역시 '실제 가보니 전문가가 아니다', '내가 아는 것보다 부족하다'라는 불평을 토로했다. 그럼에도 불구하고 사람들은 딥시크 과장 광고, 허위 광고에 마음이 흔들려 돈을 지급하고 수업을 듣는다. 그 이유는 간단하다. 딥시크를 사용할 줄 모르면 도태된다는 점, 그것은 다른 말로 그만큼 AI를 통해 삶에서 얻을 수 있는 실용성, 효율성을 기대한다는 점이다. 이러한 정신이 지금 중국 국민 정서에 은연중에 깔려 있다.

딥시크는 AI 학습 커뮤니티를 촉진하였다. '딥시크 R-1 튜토리얼', 'AI 비서 만들기'와 같은 책은 15.5위안(3,000원)에 판매되고 있다.

딥시크는 점점 비즈니스 업계를 중심으로 상업적인 커뮤니티가 활성화되고 있다. 사업에 딥시크를 활용할 수 있는 유료 강의들이 속출하고 있다. '딥시크 + 샤오홍슈' 강의는 599위안(약 11만 원)에 판매되고 있다. 수익화를 보장한다는 현혹적인 문구로 사람을 끌고 있기도 했다. 이런 추세가 계속되자 중국에서도 경계하도록 권하며 검증된 강좌를 듣고 교육기관을 선택하도록 권하고 있다.

'딥시크를 배우면 월 OOO위안 보장'이라는 과장된 홍보 문구는 딥시크, AI에 관한 중국인의 초조한 마음을 대변하기도 한다.

그뿐만 아니라 딥시크 사용 방법을 교육하는 양성 기관도 늘고 있다. 대부분이 1인 사업가로 딥시크 고급 응용 교육 과정, 이런 식으로 클래스 판매를 한다. 가격은 천차만별이다. 산둥성에 사는 어떤 청년은 뒤처질까 봐 하는 마음에 1,000위안(약 19만원)이 넘는 돈을 썼지만 생각보다 기대에 미치지 못하는 수업 퀄리티에 실망했다고 한다. 이처럼 딥시크의 과한 열풍으로 발생하는 부작용은 개인들에게는 AI 문해력을 해결하지 못하면 하는 불안함과 동시에 이를 이용한 과도한 마케팅 상술들이 나오고 있다. 어떤 기관들은 수업을 이수하면 취업 보장까지 한다고 홍보하지만, 실제로는 그렇지 않은 곳들이 있었다. 이러한 수업료에만, 5000위안(약 96만 원)을 쓴 사례도 있었다. 그럼에도 불구하고, 현재 중국에서는 딥시크 사용 방법을 전문적으로 배우기 위한 교육 열풍이 거세지고 있다.

중국의 이러한 AI 커뮤니티는 앞으로도 더욱 많이 나올 것으로 보인다. 개인들의 교육 참여는 다시 딥시크 산업 생태계에 활력을 불어넣는다. 개인, 커뮤니티, 기업이 모두 하나의 목표를 가지고 연대감을 가질 수 있기 때문이다. 하지만 최근 속출되는 차가운 반응을 해소하고 지속 가능한 개인들의 실천적 참여를 위해서는 단순히 '딥시크를 사용하면 부자가 되는 지름길이다'라는 딥시크 과대 광고에 경각심을 갖는 분위기도 있다. 오히려 딥시크라는 공통의 언어를 사용하되, 신뢰성, 충성도, 참신성 요소를 고려한 개인들의 AI 학습 참여를 다시 설계해야 할 것이다. 딥시크의 출현은 곧 중국인의 멘즈(面子, 체면)가 되었기 때문이다. 현명하고 지혜롭게 사용하는 것은 국제 사회가 모두 딥시크를 지켜보는 시점에서 매우 중요하다. 더 나아가 AI는 지금 세계 만인의 언어가 되었기 때문이다.

05 AI 레버리지로 퀀텀 점프

AI로 미래를 설계하고 경쟁 우위를 선점하다

첫 번째, 딥시크로 해 볼 수 있는 레버리지 무기는 콘텐츠 생성이다. 콘텐츠의 홍수 시대, 제작에도 시간, 인적 자원, 비용 등 리소스가 많이 들어간다. 이제는 생성형 AI가 이를 해결해 준다. 바로 'AIGC(AI Generated Content, 인공지능 생성형 콘텐츠)'이다. 중국 연구 리서치 기관 량즈웨이에 따르면 2030년 중국 AIGC 시장 규모는 1조 위안(약 190조 원)에 달할 것으로 전망한다. 중국 방송국 CCTV에서도 중국 광고주의 36%가 마케팅에 AI를 사용하고 있었다고 말한다. 중국에는 AI 콘텐츠 에이전트가 어떻게 레버리지로 사용되고 있을까?

텐센트가 개발한 위안치(元器)가 대표적이다. 위안치는 텐센트의 대형 언어 모델 훈위안을 기반으로, 이미지 생성, 채팅 대화, 콘텐츠 제작이 가능한 AI 에이전트 생성 및 개발 플랫폼이다. 위안치는 학습 도구, 생산성 도구, 라이프스타일, 게이미피케이션, 창작 도구, 엔터테이먼트, 위챗 공중하오 등 다양한 AI 에이전트를 모아 둔 서비스를 활용해 콘텐츠 창작에 더 폭넓은 선택지를 제공하고 있다.

중국의 대표적인 숏폼 플랫폼인 콰이쇼우(快手)는 이미 자체 개발한 콰이잉(快影) AIGC를 활용해 영상 마케팅 제작비의 60~70%를 절감했다. 콰이쇼우는 자체 마그네틱 엔진(Magnetic Engine) 개방형 플랫폼을 통해 자동화된 광고 및 마케팅을 개방형 서비스로 제공하고 있다. 콰이쇼우는 차세대 AI 지능형 비즈니스 엔진 개발에 전력을 다하고 있다. 콰이쇼우의 공식 인플루언서 마케팅 플랫폼인 스타 마그넷(Star Magnet)은 AIGC를 전적으로 도입하여 사용하고 있다. 딥시크 R-1 모델을 연결하여 영상 창작물을 제작하여 효율적인 생산성까지 개선하고 있다. 그들은 AIGC를 단순한 창작 도구를 뛰어넘어, 의사 결정의 결정권자로 사용하고 있다. 딥시크 글쓰기(DeepSeek Writer)는 영상에 스크립트 요구 사항을 입력하면 테마 화면 설정, 대사, 자막 등 광고 제작에 대한 가이드를 알려 준다. 즉 이제는 AI 콘텐츠 공장이 된 것이다. AIGC는 콘텐츠 기업에게 필수적인 업무 도구이다. 하나의 우수한 동료를 둔 것과 같다. 콰이쇼우는 AIGC 단편 영상 마케팅 자료와 가상 디지털 휴먼 라이브 방송 솔루션에 일일 평균 3,000만 명의 이용자가 몰려들었다.

글로벌 시장 리서치 기관 프레시던스 리서치는 2030년 글로벌 AI 생성 콘텐츠 시장은 731억 6,000만 달러(약 100조 원)에 달할 것으로 발표했다. 지금 중국 내부에서는 AIGC 기술 흡수도와 사용 참여의 속도가 점점 빨라지고 있다.

두 번째, 레버리지 무기는 '운영 시스템'이다. AI는 기업의 운영 시스템을 변화시켰다. 즉 운영 효율성의 변화다. 그리고 이 효율성에 접근하는 방식의 변화다. 가트너에 따르면 2026년까지 중국 AI 산업의 50%가 생성형 AI 모델을 구축할 것으로 전망했다. 여기에는 비용 절감도 포함된다. 스마트 자동화 시스템에는 재무, HR, 공급망 관리, 마케팅, 세일즈 등 영역에서 생산적인 역할을 기대할 수 있다. 대규모의 반복적인 작업을 지능적으로 설계함으로써 수십 명이 할 일을 AI가 대신해 준다. 소기업, 중소기업에는 좋은 인재를 얻은 셈이 될 수 있다.

세 번째는 '의사 결정'이다. 중국 기업들이 AI를 활용해 주체적으로 문제 해결 방안을 모색하는 일들이 증가할 것이다. 이는 다시 기업의 AI 기능을 개발하는 수요 증가로 이어질 수 있다. 가트너는 이러한 중국 기업들의 AI 기능 개발에 대한 수요가 2028년 50%까지 증가할 것으로 전망했다. '2025 중국 기업가의 인공지능 활용 연구보고'에 따르면, 중국 기업의 AI 응용 영역은 다음과 같았다. 데이터 분석 및 전략 의사결정 57%, 기술 혁신 및 제품 개발 49.22%, 고객 서비스 46.9% 순으로 사용되고 있다. 이 과정에서 AI는 최적화된 귀중한 정보를 추출해 의사결정을 도울 수 있을 것이다. 예를 들어, 리테일 업체는 AI 의사 결정을 기반으로 판매 예측, 재고 관리를 최적화함으로써 현금 손실과 리소스에 대한 낭비를 줄일 수 있다. 금융기관도 유익한 도움을 받을 수 있다. 위험 평가 실시와 동시에 투자 수익을 개선할 수 있는데, 이러한 데이터 중심의 의사결정 방식을 통해 기업은 시장 변화에 더욱 유연하고 민첩하게 자본 시장과 소통할 수 있게 된다.

AI 응용, 딥시크가 가져올 변화

다음으로는 딥시크를 활용해 킬러 응용 서비스를 기대할 수 있다. 이는 AI 모델 개발 회사가 아니더라도 호랑이 등에 올라타 기회를 잡을 수 있는 방법이다. 이미 중국은 응용 애플리케이션에 능한 나라이다. 더우인, 테무, 샤오홍슈는 글로벌 시장에서 시장 장악력을 가지고 있다. 더우인이 등장했던 것처럼, 이제는 AI를 탑재한 더우인을 능가하는 애플리케이션 서비스가 등장할 수 있다. 중국에서 말이다. 딥시크는 대형 언어 모델 생태계에 파괴적 교란을 불러일으켰으니, 이제 이 교란 속에서 더 큰 개방성을 발전시킬 킬러 애플리케이션의 등장이 기다려진다.

시안 교통대학교(西安交通大学)에서는 딥시크를 활용해 응용 애플리케이션을 만들 수 있는 환경을 제공했다. 교수와 학생들 모두 참여하는데 꼭 딥시크뿐만 아니라 알리바바의 통이치엔원(通

义千间), 더우인의 도우바오(豆包), 키미(KIMI AI) 등 다른 대형 언어 모델도 활용할 수 있다. 이렇게 중국은 AI 비전문가도 누구나 AI를 응용화할 수 있는 도전과 시도를 장려하는 분위기가 마련되고 있다. 이러한 분위기 속에서 언제나 혁신은 숨어 있다.

누가 먼저 생성형 AI 킬러 애플리케이션을 선보일까? 아마도 그 주인공은 더우인을 능가할 것이다. 생성형 AI, AGI를 활용한 킬러 애플리케이션이 중국에서 안 나올 이유는 없다. 더우인의 비즈니스 모델에 AGI를 결합한 응용 애플리케이션이 충분히 나올 수 있다. 그 이유는 중국은 신기술이 사회와 상업에 적용하는 속도가 매우 빠르기 때문이다. 아무리 좋은 것이 있어도 그것을 활용하지 않으면 진정한 가치를 발휘하지 못한다. 중국은 모두에게 참여를 개방하는 문화적, 생태적 환경을 조성함으로써 빠른 속도로 실행하고 실패하고 수정 반복하는 린 스타트업 정신이 존재한다. 반짝이는 마케팅용 아이디어가 아닌 산업 사슬 체인과 공급과 수요가 순환되는 긴밀한 AI 산업 사슬 고리가 뒷받침되어 있기에 가능하다.

딥시크와 생성형 AI 기술을 어떻게 적용할 수 있을까?

첫 번째, 자동화 시스템이다. 딥시크가 중국 기업과 개인들에게 호평받는 이유는 바로 생산성과 효율성이다. 주로 고객 서비스 및 지원에 사용된다.

아래는 딥시크가 결합되어 펼쳐질 수 있는 비즈니스 시나리오다. 기업은 소셜미디어, 자사 서비스, 이메일 등 다양한 비즈니스 채널에 딥시크를 도입하여 다중 채널에서 고객을 지원하는 것이다. 전자상거래 플랫폼에서는 주문, CS 처리, 소비자의 다음 구매 행동 예측, 선호도 기반의 상품 자동 추천, 자동화된 마케팅 등 일련의 원스톱 프로세스를 지원한다.

두 번째는 개인화된 경험이다. 소비자들의 취향과 라이프스타일에 맞는 경험을 제공함으로써 촘촘한 사용자 경험을 미리 예측하고 설계한다. 개인화된 음악, 영화, 쇼핑, 뉴스, 여행, 광고 등 다양한 산업에 '딥시크 +'가 적용될 수 있다. 이는 AI가 새로운 접점을 연결하고, 맞춤형 경험을 극대화하는 방향으로 나아갈 것이다.

중국은 티몰, 징둥, 더우인, 샤오홍슈, 테무 등 성공적인 플랫폼 서비스를 배출했다. 중국의 AI 사용 진입 장벽이 낮아지면서, 앞으로는 AI가 도입된 신개념 플랫폼 서비스의 등장을 충분히 예상해 볼 수 있다.

부록

딥시크 실제 활용 사례

딥시크 실제 활용 사례

딥시크를 사용할 수 있는 경로는 다양하다. 딥시크 사이트에 직접 들어가서 사용할 수도 있으며, 다른 플랫폼에서 딥시크를 사용할 수 있다. 현재 중국에서는 바이두, 위챗 등 다양한 플랫폼을 통해 딥시크를 연동할 수 있다.

* 주의 사항: 딥시크를 슬기롭게 활용할 수 있는 방법을 소개한다. 국내 스타트업 프렌들리 AI(Friendli AI)는 서버리스 API를 활용해 보안 문제를 해결한다고 한다. 해당 서버리스 API는 정보 유출을 안전하게 관리함으로써 딥시크 모델을 안전하게 사용할 수 있다고 한다. 기업 정보가 중국으로 유출되는 것을 방지한다고 한다. 만약 국내에서 사용을 원한다면, 반드시 안전에 유의하여 정보 유출을 방지할 수 있는 협력사와 상세한 논의 후 사용하길 권장한다.

1. 딥시크의 첫 화면이다.

대화하기, 딥시크 애플리케이션 사용하기, API 개방형 플랫폼 (오픈소스)으로 나누어져 있다.

대화하기를 클릭하면 PC 화면에 프롬프트 입력 창이 나온다.

애플리케이션은 QR 코드를 스캔하면 해당 서비스로 이동한다.

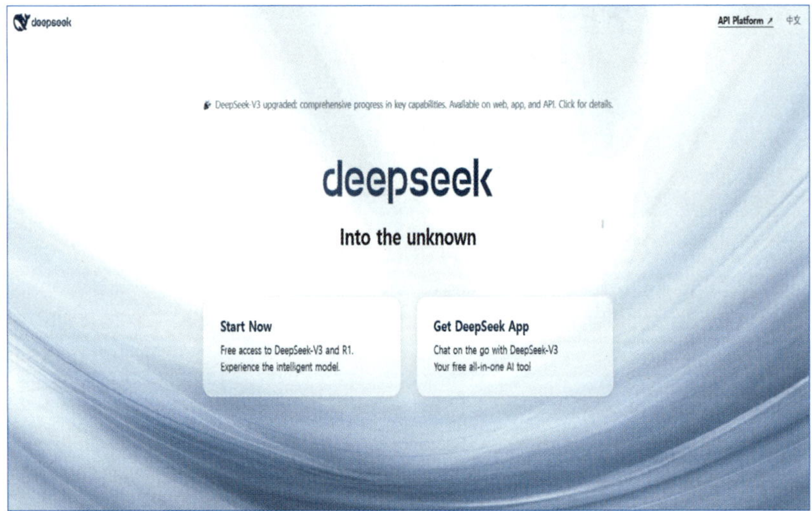

2. 딥시크 프롬프트 입력 화면

딥시크 R-1을 선택하여 사용할 수 있다. 그 옆에는 '검색
(Search)' 옵션이 별도로 있다.
첨부파일을 업로드할 수도 있다.

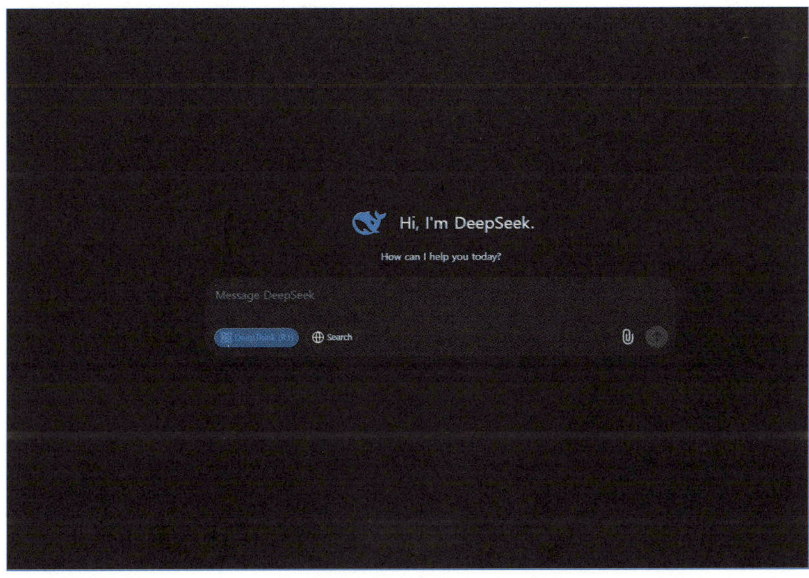

3. 프롬프트에 '2030 웰니스 비즈니스 전략을 세워 줘' 입력 시 노출되는 화면

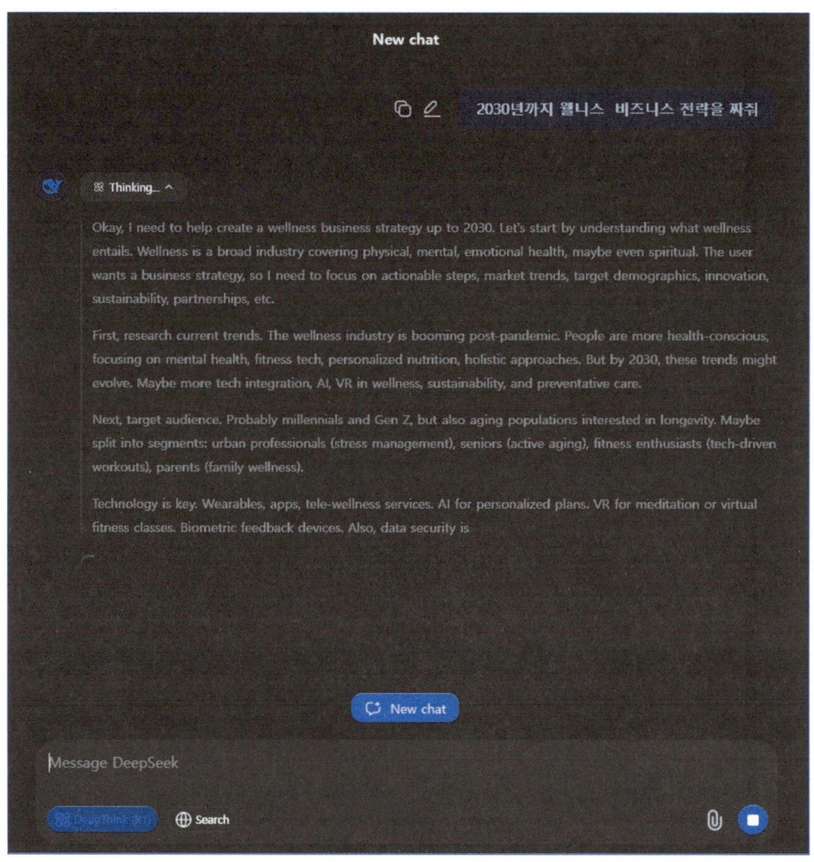

4. 프롬프트 입력 후 나오는 결과 화면

딥시크가 2030 웰니스 비즈니스 전략을 세워 준다.

비전 선언, 시장 분석 및 타깃층, 핵심 전략, 파트너십, 단계적
실행 등 제법 간결하고 핵심 포인트를 잡아서 세워 준다.

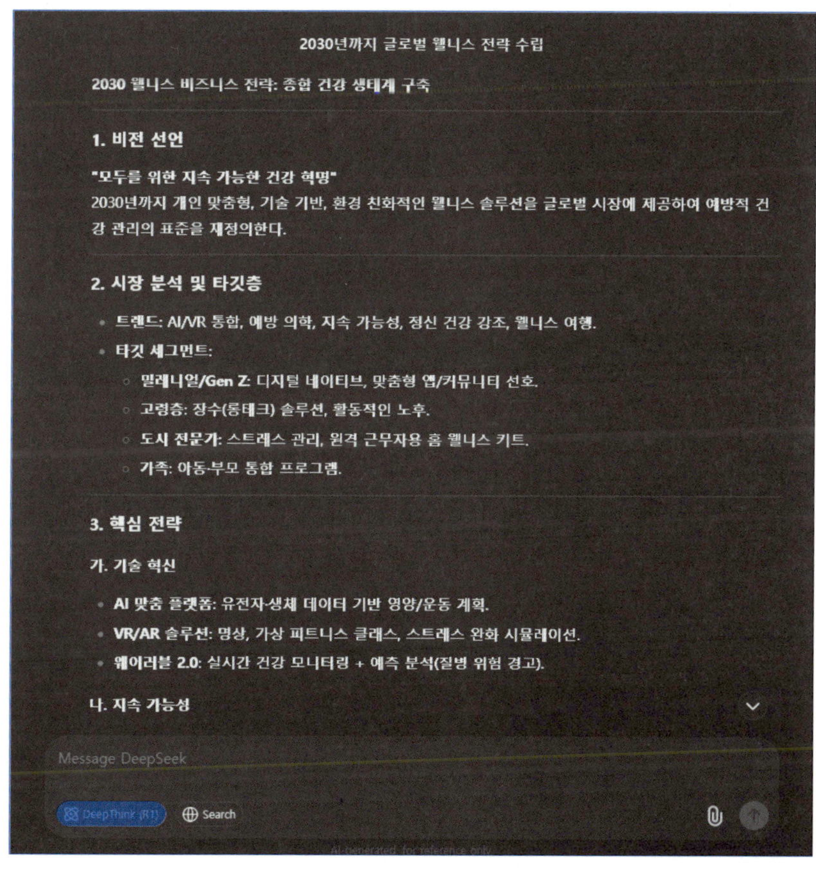

5. 해당 화면은 딥시크 애플리케이션으로 이동하는 QR코드
   스캔 창이다.

바이두와 딥시크를 활용하다

애플리케이션 월간 활성 사용자 수(MAU) 약 7억 명 가까이에 달하는 바이두에서도 딥시크를 연동하여 사용할 수 있다. 딥시크를 도입한 바이두에서는 어떤 기능을 기대해 볼 수 있을까?

1. 딥시크 R-1을 연동한 바이두 AI의 첫 화면 페이지다. PDF/ Words 등 문서, 이미지, 인터넷 링크를 올릴 수도 있다. 그 밖에도 스마트 창작이 가능하다.

2. 2025년 웰니스 시장 분석, 2030년까지 웰니스 비즈니스 전략을 세워달라고 입력하면, 실행 계획 로드맵, 리스크 관리 방안을 포함 세부적인 액션 플랜과 리스크 관리를 위한 미래 시나리오를 가이드해 준다.

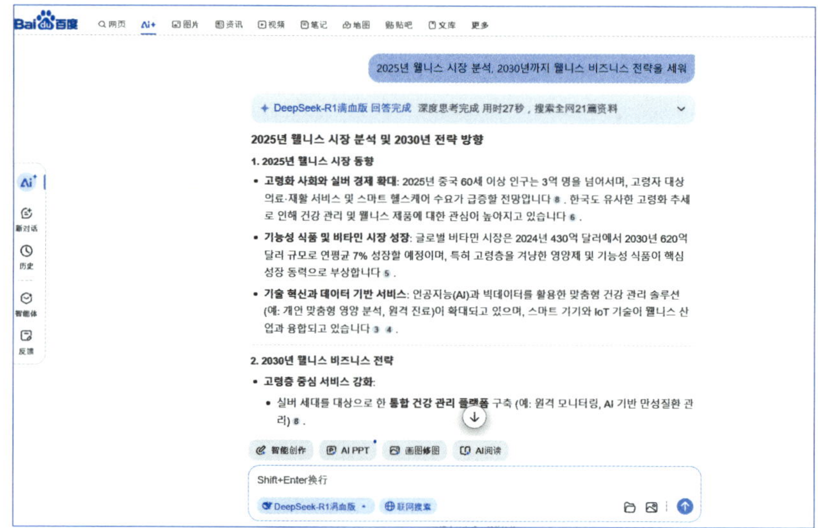

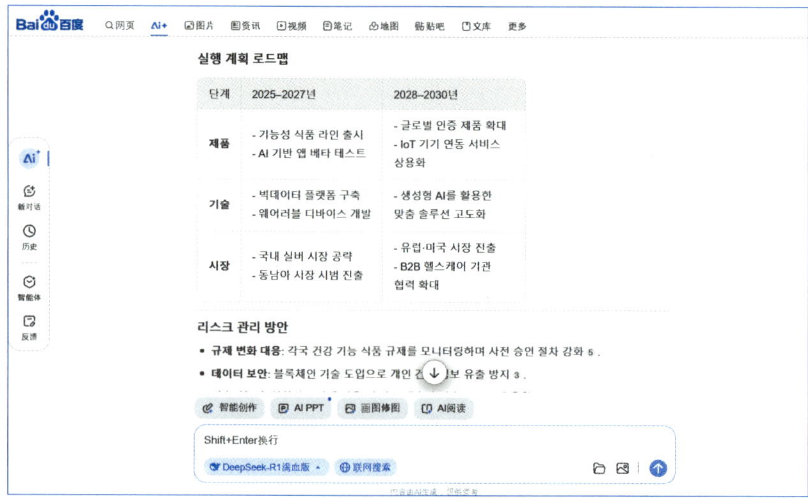

위챗과 딥시크를 연동하다

중국 국민 메신저(한국의 카카오톡) 위챗에서도 딥시크를 편리하게
사용할 수 있도록 배치해 두었다. 다음 아래는 사용 화면 창이다.

1. 위챗 검색 창에 딥시크를 검색하면 딥시크를 연동할 수 있다.

(첫 화면)

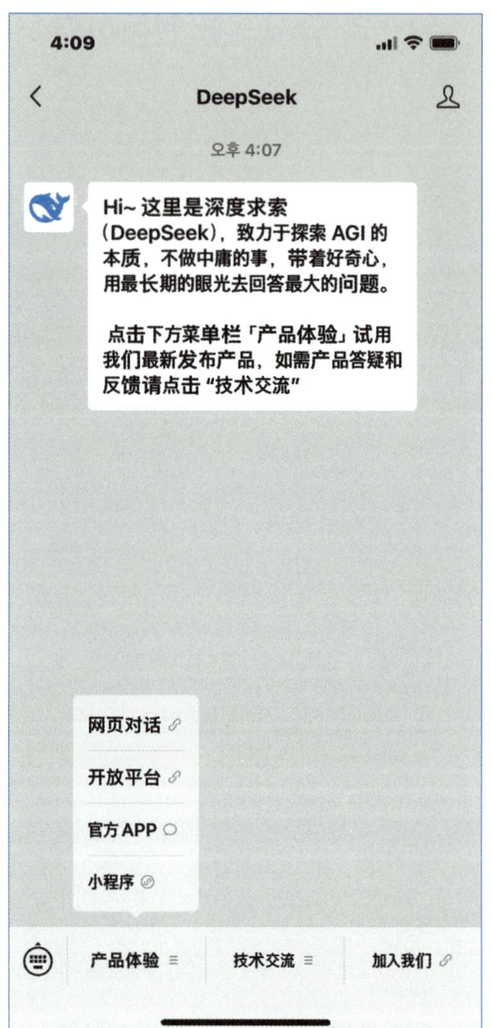

4:09
DeepSeek
오후 4:07
Hi~ 这里是深度求索（DeepSeek），致力于探索 AGI 的本质，不做中庸的事，带着好奇心，用最长期的眼光去回答最大的问题。

点击下方菜单栏「产品体验」试用我们最新发布产品，如需产品答疑和反馈请点击 "技术交流"
网页对话
开放平台
官方 APP
小程序
产品体验
技术交流
加入我们

2. 딥시크 채팅 창에 접속하면, 대화하기, 개방형 플랫폼, 딥시
  크 APP 접속, 샤오청쉬(별도 애플리케이션 설치 없이 위챗 내에서 바
  로 실행되는 미니 애플리케이션) 카테고리가 뜬다. 여기서 원하는
  서비스를 선택하여 이동할 수 있다.

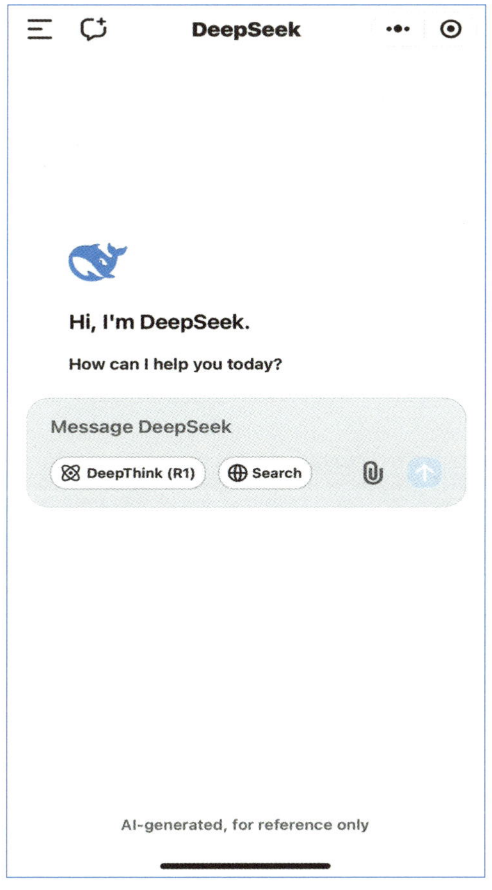

위의 화면은 딥시크-샤오청쉬를 클릭하면 프롬프트를 입력하
는 화면이다. 여기서 바로 프롬프트를 입력하여 사용할 수 있다.

중국 AGI가 등장하다

해외에서 주목받고 있는 중국인 창업자들이 만든 AI 에이전트이다.

중국 AGI 마누스 Manus AI

마누스는 현재 베타 버전으로 사용할 수 있고 향후 모바일 앱을 출시 예정 중이다.

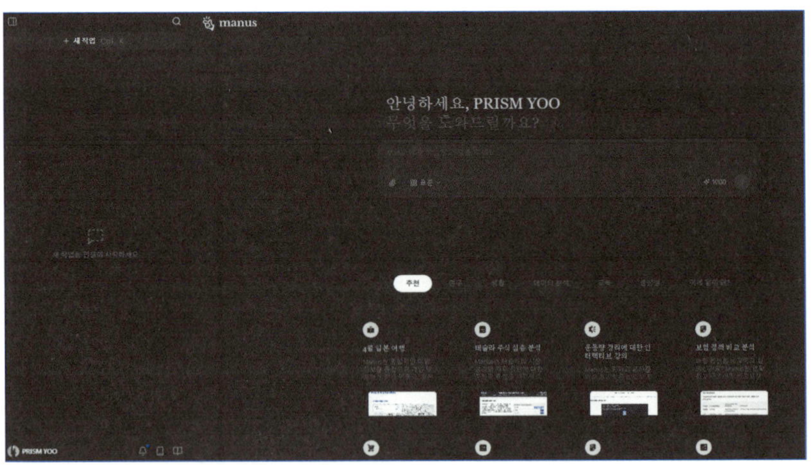

마누스에는 연구, 생활, 데이터 분석, 교육, 생산성 등 다양한
사례를 참고할 수 있도록 소개되어 있다. 그중 '테슬라 주식 심층
분석'을 클릭하여 사용해 봤다.

다음 아래는 마누스 AI 에이전트가 테슬라 주식을 분석 중인
화면 창이다.

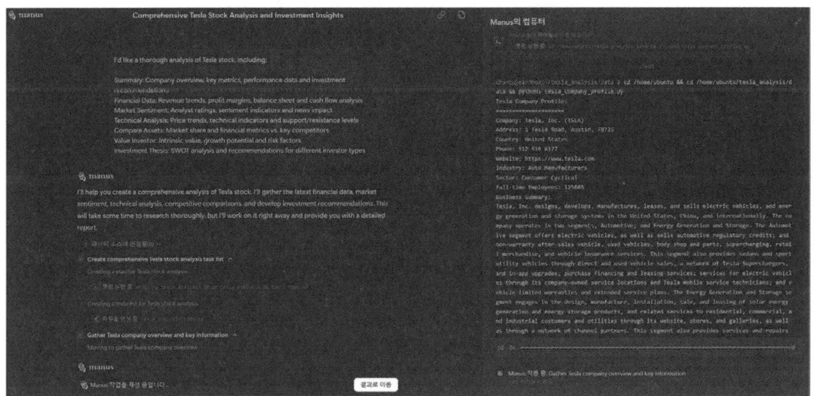

지금 중국은 AI 혁신에 진심이다
중국 타이탄들이 만드는 넥스트 웨이브

자본의 뉴 패러다임을 읽기 위해서는 중국의 AI 기업들의 움직임을 알아야 한다.

지금 중국의 모습을 설명하라고 하면, 과연 어떤 비유가 적합할까? 2025년 5월 29일 오후 3시, 북경 오도구에 위치한 투스파크(Tuspark, 200개 이상의 벤처 회사들이 모여있는 비즈니스 단지)의 카페에 앉아 한참을 고민했다. 그리고 '중국 타이탄의 새로운 물결'이라는 문장이 떠올랐다.

벤처 기업이 모여있는 북경 오도구의 투스파크(Tuspark)

벤처 기업이 모여있는 북경 오도구의 투스파크(Tuspark)_건물

단순히 중국에서 청소년기를 보내고 오랫동안 살아서가 아니다. 중국 AI의 판을 바꾸는 현지 기업들과 미팅을 마친 후 현장의 생동감을 그대로 전하고자 한다. 중국 지방정부에서 약 9000억 원을 투자한 AI 기업, 세계 모델을 연구하는 중국판 SORA라고 불리는 AI 기업과 미팅을 통해 몸소 겪은 사실을 전하며 글을 마무리하고자 한다. 그들과 비즈니스 미팅을 하며, 한 가지 느낀 점이 있었다.

바로 '적극적 의지'이다. 다시 말해, 중국의 리더들은 AI 생태계 건설에 진심이었다. 내 앞에 있는 담당자들이 자신들의 기업 소개와 AI 솔루션을 설명할 때 눈에서 대륙의 총명함과 대범함을 느낄 수 있었다. 더불어 기술에 대한 겸손함도 느낄 수도 있었다. 즉, 빠르게 성장하는 AI에 대해 인간적이며 포용적인 태도가 돋보였다. 물론 보이지 않는 선의의 경쟁도 있을 수 있다. 이러한 분위기가 남긴 메시지는 심플하다. 지금 중국은 AI 모델, AI 응용 서비스, AI 인프라 등을 중심으로 새로운 경제 시스템을 만드는 데 필요한 실질적인 행동을 취하고 있었다.

이제 우리는 건강한 직면을 해야만 하는 길에 놓여있다. 중국 혁신의 강점을 벤치마킹하거나 협력하여 선을 이루는 관계로 발전할 수도 있다.

중국, 그들의 용맹한 두뇌는 결국 '사람'에서 나온다는 것을 발견했다. 이제 한국과 중국의 관계는 새로운 국면에 놓여있다. 이를 위해 우리는 지식을 넘어 지혜를 도모해야 할 것이다.

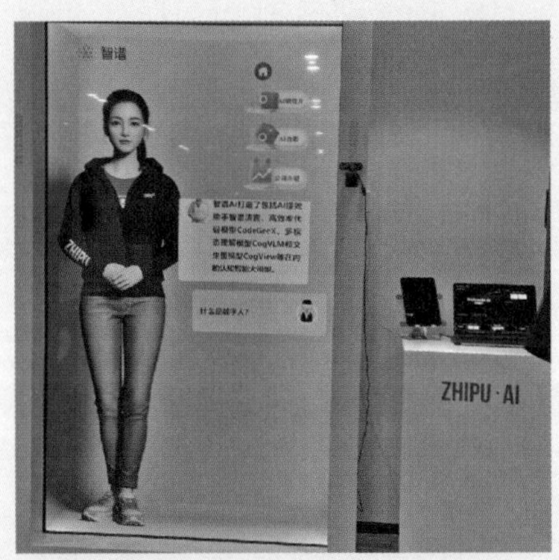

즈푸 AI 로비에 있는 디지털 휴먼

즈푸 AI 로비_칭화대 교수가 창업한 기업으로 중국 지방정부도 지원하는 AI 기업

참고문헌

- 미중 기술패권 경쟁과 AI 굴기: 지식재산 전략을 중심으로. 대외경제정책연구원
- 中 2025년 향한 미래산업 전략, AI·수소·로봇 등 10대 기술 낙점. KOSTEC(한중과학기술협력센터)
- 中 AI기술발전과 규제 병행, 생성형 콘텐츠 식별 의무화 추진. KOSTEC(한중과학기술협력센터)
- DeepSeek R-1 Research.github
- 2025年deepseek技术全景解析
- 北京大学DeepSeek私有化部署和一体机

- 2025년, "에이전틱 AI가 가져올 각 산업 분야의 혁신"…엔비디아, 최고 전문가 10人이 공유한 '25년 AI 핵심 인사이트. 인공지능신문. 2024.12.11
- 가트너, AI 어시스턴트가 2027년까지 모바일 앱 사용량을 25% 줄일 것으로 예측.MADTIMES.2025.2.5
- 구글 양자칩 넘어선 중국…60개大서 핵심인재 키운다. 한경. 2025.1.2
- 중국 AI기업 4700개 넘어…딥시크는 그중 하나일 뿐. 중앙일보. 더차이나.2025.2.3
- 모두를 위한 AI…전환점 만든 딥시크. 한경MONEY. 2025.4.1
- Four Chinese AI startups to watch beyond DeepSeek. MIT Technology Review.2025.2.4
- DeepSeek赋能智慧城市:打造感知-决策-执行的闭环解决方案架构. 百度. 2025.2.19
- 上线"全运广州小程序"、推广DeepSeek在政务领域应用……2025年广州政务和数据工作划重点百度. 2025.2.17
- 珠海金湾"城市大脑"接入DeepSeek大模型. 百度. 2025.2.21
- 北京市多区上线DeepSeek助手百度. 2025.2.25
- 湖南首个城市级DeepSeek应用发布CS-DeepSeek上线, 赋能长沙

智慧城市建设. 百度. 2025.2.15
- DeepSeek全链图谱：15细分领域+151家公司. 券商研报精选
- 腾讯牵手 DeepSeek, 跟普通人有关系吗?. 伯虎财经
- 如何0成本畅玩DeepSeek？一篇文章教会你. 百度. 2025.2.19
- 「DeepSeek生长季」实地探访篇：办公地重归平静 引爆科技圈后"隐身"专注深度求索. 新华财经. 2025.2.25
- 习近平：我是一贯支持民营企业的.新华社. 2025.3.2
- 一见·从这场座谈会, 感悟总书记对民营企业的一贯支持. 百度. 2025.2.18
- 促进民营经济健康发展高质量发展. 求是网. 2025.3.17
- 一以贯之支持民营经济发展壮大 (评论员观察). 人民网—人民日报. 2025.2.27
- 以DeepSeek为引擎 打造"智慧教育"新范式. 天津日报. 2025.3.3
- 北京多家医院布局DeepSeek：诊断常见病已达基准线 有望重塑诊疗流程与管理规范. 北京青年报. 2025.3.3
- 腾讯推出「快思考」：API 成本只有 DeepSeek 不到一半. 百度. 2025.3.3
- 李国杰院士"七问"DeepSeek. 北京日报. 2025.3.1.
- 2024年人工智能行业融资超1000亿元, 有一半AI公司成立三年内获投|IT桔子报告. 新浪科技. 2025.2.26
- Kimi. 百度百科
- 文心一言. 百度百科
- 数字政府. 百度百科
- 中央企业"AI+"专项行动.百度百科
- 业界首个实现智能联网搜索, 中兴努比亚全尺寸内嵌 DeepSeek 更新. IT之家. 2025.3.3
- 让人民过上幸福生活是头等大事. 纵览新闻. 2025.2.7
- 能帮开发者写代码！字节AI编程工具实现全球市场覆盖. 京报网. 2025.3.14
- 中国智造全面崛起：从现象级爆款到行业标杆的进阶之路. 中国经济时报. 2025.2.20

- 中国制造由大向强 朝高端化、智能化、绿色化加速升级. 中国证券报. 2024.9.23
- "制造2025"最后一年, 我国制造业经历了哪些升级换代?. 大罗财经. 2025.2.19
- 2024年中国生成式AI专利2.7万条, 新增量全球第一. 百度. 2025.2.27
- 2024年生成式AI专利调查: 中国新增量全球第一. 中国青年网. 2025.2.18
- AI时代, 培养创造力才是教育破局之道. 百度. 2025.3.3
- 黑龙江省12345政务服务便民热线接入DeepSeek. 央广网. 2025.3.5
- 武汉这家医院上线DeepSeek"满血版"AI赋能诊疗全流程. 长江云新闻. 2025.3.5
- DeepSeek"朋友圈"再扩容: 华为、京东相继加入 云计算、芯片、AI应用公司都来了. 财联社. 2025.2.5
- 熊焰: DeepSeek热浪下的算力变局. 新浪财经. 2025.2.17
- 所有人都在讨论的"DeepSeek", 究竟是啥?. 央视新闻. 2025.1.28
- DeepSeek出圈掀起热潮, 大模型落地应用已"遍地开花". 极目新闻. 2025.3.1
- 赋能教育科研、智能制造, 百度智能云与智元机器人联手打造DIY具身智能平台. 新闻晨报. 20252.27
- AI智能体+机器人, 盘点5家潜力公司. 百度. 2025.3.8
- 什么是"具身智能"？DeepSeek和专家分别如何解读. 百度. 2025.3.9
- 华为芯片+Deepseek组合, 能否取代英伟达+OpenAI成为新霸主?. 同福说财经. 2025.3.9
- 对谈 | 震撼全球的DeepSeek, 中国AI的报春. 澎湃新闻. 2025.3.5
- 电子羊毛你薅没？00后用DeepSeek1天卖出3.3亿. 大象新闻. 2025.3.10
- 78.8%受访者已使用DeepSeek助力工作和生活. 中国青年报. 2025.3.1

- DeepSeek介绍：国产AI大模型的现状与未来. 百度. 2025.3.10
- 众多企业纷纷接入ＤｅｅｐＳｅｅｋ，释放了什么信号？新浪财经. 2025.2.12
- 云服务和一体机已成为DeepSeek领涨主线：如何掘金?. 新浪财经. 2025.2.10
- 阿里Qwen猛追DeepSeek. 华尔街见闻. 2025.3.7
- ＣＮＮＩＣ报告：生成式AI产品用户规模达2.49亿人. 南方都市报. 2025.1.17
- 我国AI人才缺口达500万人，人工智能专业在校生仅约4万人. 北晚在线. 2025.3.4
- 78.8％受访者已使用DeepSeek助力工作和生活. 中国青年报. 2025.3.4
- "DeepSeek+政务"全国部署图表：多地政府加快AI+政务落地进程. 新浪财经. 2025.3.11
- 马化腾谈DeepSeek：敬佩尊重拥抱开源 AI应用发展已来. 同花顺财经. 2025.3.19
- 华为昇腾×Deepseek一体机：掀起AI产业产业新浪潮!. 新浪财经. 2025.3.5
- 腾讯马化腾盛赞DeepSeek：AI开源先锋引领行业未来. 每日热点. 2025.3.21
- 2024 中国最具价值 AGI 创新机构 TOP 50 发布. 百度. 2024.6.29
- 2024中国AGI市场发展研究报告. 百度. 2024.7.10
- 资讯动态|北科学堂：智能助手DeepSeek助力青少年成长. 光明网. 2025.3.21
- MCP突然火出圈!它是啥?是又一个CUDA吗?. 百度. 2025.3.24
- DeepSeek引爆AGI革命!2025年A股四大赛道核心名单曝光. 百度. 2025.1.30
- 2025微博DeepSeek趋势洞察报告. 新浪财经. 2025.3.25
- 实在Agent+DeepSeek+华为昇腾一体机重磅发布！国产自强！. 百度. 2025.3.15
- "人工智能+"再入《政府工作报告》产业发展迎黄金期. 中国经营报.

2025.3.15

- 2025两会"人工智能+"成热点：北信源信源密信协同DeepSeek奔赴国产AI全球化新赛道. 百度. 2025.3.14
- 广州天河本地化部署DeepSeek, 开启"AI+政务服务"数智新时代. 金羊网. 2025.2.28
- 阿里1688接入DeepSeek 所有商家可免费使用. 百度. 2025.2.11
- 国内首家, 百度智能云千帆AppBuilder全面兼容MCP协议. 百度. 2025.3.20
- 2025中国AI"奇点"来临, 摩根大通：应用井喷在即, 看好阿里. 海经网. 2025.3.13
- DeepSeek 赋能教育, 中公教育开辟"AI + 就业"新航道. 百度. 2025.3.14
- 京东云推出全国产化DeepSeek一体机, 促进教育教学高质量发展. 中国青年网. 2025.3.31
- 500余名专家教师为AI赋能京津冀教育高质量发展献策. 现代教育报. 2025.4.1
- 教育行业拥抱DeepSeek, 学习机正迎来销量小高潮｜一线. 科创板日报. 2025.3.12
- 花小钱办大事！DeepSeek破局, 中国式创新如何改变AI未来. 新浪财经. 2025.3.31
- AI Agent：构以数据为中心的智能体. 百度. 2025.3.26
- 中国AI自主生态的构建密码, 藏在这两个关键词里. 澎湃新闻. 2025.3.18
- 近450个"AI+医疗"产品落地. 深圳特区报. 2025.3.11
- 陕西多所高校正式接入DeepSeek 为师生提供智能化个性化服务. 央广网. 2025.3.9
- DeepSeek加持 财富管理装上"AI大脑". 百度. 2025.3.29
- 【DeepSeek生长季】赋能国企篇：国资央企发展AI路径进一步明朗 DeepSeek等助力"AI+"专项行动深化. 新华财经. 2025.2.27

딥시크 이코노미
DeepSeek Economy

1판 1쇄 발행   2025년   8월 15일
1판 1쇄 발행   2025년   8월 25일

지은이   유한나

펴낸이   박정태
펴낸곳   **주식회사 광문각출판미디어**

편집이사   이명수   출판기획   정하경
편집부   김동서, 박가연
마케팅   박명준, 박두리   온라인마케팅   박용대
경영지원   최윤숙

출판등록   2022. 9. 2 제2022-000102호
주소   파주시 파주출판문화도시 광인사길 161 광문각 B/D 3층
전화   031-955-8787   팩스   031-955-3730
E-mail   kwangmk7@hanmail.net
홈페이지   www.kwangmoonkag.co.kr

ISBN   979-11-93205-70-9   03000
가격   18,000원